誰が誰に何を売るのか？

援助交際にみる性・愛・コミュニケーション

圓田浩二

関西学院大学出版会

誰が誰に何を売るのか?

――援助交際にみる性・愛・コミュニケーション――

◇圓田　浩二

まえがき

本書は、インタビュー取材を中心に、筆者がしたフィールドワークをもとにして、執筆された社会学的研究書である。分析の対象は援助交際という社会現象であり、その当事者へのインタビューをとおして、さまざまな考察を展開するかたちになっている。本書で論じられている問題は多岐にわたるが、主要な問題関心は、性、愛、コミュニケーションである。

各章を概観すると、イントロダクションでは目的と調査方法とその問題点、さらに売買春および電話風俗の歴史をあつかっている。第一章においては、援助交際の語源を考察したうえで、援助交際のインタビューをもとに、従来の売買春とは異なる援助交際の特徴を抽出し、定義を与えている。第二章では、援助交際女性の類型論を取りあつかっている。四つの類型を提示して詳述し、他の研究成果との比較を試みている。第三章の主役は援助交際をする男性である。彼らを、主に女性から得られたインタビューをもとに論じている。演技論的アプローチを採択し、男性にとっての性欲、さらに援助交際に登場する擬似恋愛的、擬似親子的なコミュニケーションの分析をしている。第四章においては、マス・メディア報道と援助交際の関係をあつかい、その奥にある少女的価値、身体の問題について論じている。この章の主役は〈バイト系〉の女性たちである。第五章は、援助交際を性の商品化という観点から考察している。〈魅力確認系〉の女性たちにとって、現代社会のジェンダー構造のもとで、援助交際は、性的承認を獲得する場所となっている。第六章では、現代社会におけるコミュニケーションの変容を、援助交際を題材として論じている。第七章においては、〈AC（アダルト・チルドレン）系〉の援助交際女性における承認の問題をあつかっている。〈AC系〉の女性が援助交際に承認を求めていくプロセスと、援助交際をとおして「私は私だ」という確信を得て、援助交際を卒業する事例について論じている。そして、コミュニケーションに問題をもつ新しい社会的弱者の登場を指摘している。終章は〈性＝人格説〉を批判するかたちで、愛と性の関係性についての考察を展開し、セクシュアリティの新しい表現形式を模索している。このヒントを与えてくれるのが〈快楽系〉の女性たちである。

目次

【凡例】

1　西暦表記の一九〇〇年代については、上二桁は省いている。引用文や会話中にさらなる「　」が必要とされる場合は〈　〉で記す。したがって、本文中での『　』表記はすべて書名のみとなる。

2　引用箇所は「　」で記し、出典（ゴシック書体数字）は巻末にまとめた。編著者（ファミリーネーム）、発行年、掲載ページを記す。発行年表記の＝は、後に邦訳発行年と引用該当ページを示す。この文献名、発行所などは、巻末の参考文献リストによって知ることができる。

3　インタビュー・データは、九九年の一二月三一日までに調査収集した七一件のなかから使用。面接は五七件、残り一四件は電話による。このうち女性は五九人。援助交際については女性五八人、男性二人を収録。うち電話が四七人、面接が一一人であり、続けて同一人物にインタビューした者は七人いる。

①援助交際を自認し、②インタビューを録音することを了承し、③録音内容をすべてノートに記録したという、三つの操作を満たしたデータであることを明記しておきたい。なお、できるかぎり、筆者が省略や要約などの操作をくわえずに掲載するよう心がけた。また取材相手の名前は本人が希望した名前を仮名として採用。（　）は、筆者の補足である。インタビュー事例の◎印はデータ整理番号であり、巻末のデータ表と照らしあわせれば、そのインフォーマント（調査協力者）の属性について知ることができる。

4　巻末の参考文献は日本語文献・外国語文献の区別なく、著編者名のアルファベット順で示す。日本語文献の場合、著編者、発行年、書名、発行所を記す。発行年の後の（　）は初出年度。また、同一発行年に複数著作がある場合、発行年に小文字アルファベットをつけ、区別している。外国語文献も同様である。斜体字は原書名で、邦訳があれば、その後に記す。雑誌論文・記事は、執筆者名、発行年、「　」にタイトル、『　』に掲載誌名、巻号、発行所を記す。外国語論文もこれに準ず。

イントロダクション

1　援助交際

援助交際は「エンコーと呼ばれる少女売春」「〈援助交際〉と呼ばれる、女子高生による売春まがいの行動」「援助交際という名の未成年女子売春」として語られる。しかし、次のインタビュー事例にみるように、援助交際は売春でも、〈女子高生〉[1]がするものでもない。

◎23……………………

筆者：今日、電話をもらったときも「高校生じゃないとダメなんですか？」とか言ってたけど、それはやっぱり援助交際と言うと、高校生のするものというイメージがあるの？
サクライ：いや。っていうか、あの「今回調べてる」っていうことだったじゃないですか？　高校生をメインとして調べているのか、一般の人をメインとして調べているのか、わからなかった。

◎63……………………

筆者：（援助交際は）売春と同義ですか？
サクライ：違いますね。
筆者：何が違いますか？
サクライ：あのね、売春っていうのは相手を選べないっていうのがありますよね。援助（交際）はある程度、女性の方が選ぶ権利が………。
筆者：女性の方が、ですか？
サクライ：ありますよね。男ももちろん選べますけどね。その女性が選ぶっていう度合いが高いんですよね。

本書の目的の一つは、フィールドワークにもとづいて、売春でも〈女子高生〉がするものでもない援助交際を調査結果から提示し、援助交際とは何かを明らかにすることである。

フェミニズムの指導者的立場にある上野千鶴子は、九一年に次のように発言している。「今だって自由売春はほとんどありませんね。売春っていうのはよく女が男に身体を売る行為だといわれるけど、とんでもない。あれは男が女の身体を別の男に売る行為です。だから実態は男同士の間の売春行為です」[1]。上野の発言にあった〈自由売春〉は九一年当時、テレクラや伝言ダイヤルにおいて、〈援助交際〉という呼び名ではなかったが「女が自らの身体を男に売る行為」としてすでに存在していた。また後にみるように、七〇年代に〈少女売春〉というかたちで現実にはされていた。性のみらず、売買春に関する言説についてもここ一〇年でめまぐるしく変化している。

援助交際がこれほどまでに流行し、マスコミで報道され、社会問題と化したのは、単に「援助交際とは、普通の女子高校生がお金やブランド品を得るために、中年男性に身体を売る売春行為である」という話題性とは別に、日本社会に深刻な問題提起をしたためである。それは「合意のうえでの売買春は是か非か?」といった問題提起から性の自己決定権におよぶさまざまな問題である。本書では、援助交際の本質とは何か、また援助交際がもたらした影響とは何かという問題を、上野・宮台の議論を土台として考察する。

まず上野は、ある対談のなかで、援助交際について「援助交際をする男は悪い。女の子がその状況のなかで、自分にとって利益があると考えれば、それをやるかやらないかは当事者の問題」[2]と述べる。この考えの背景には、近代家族制度=家父長制の問題がある。家父長制(patriarchalism)とは、簡単に言えば、家長権をもつ男性が家族全員を統制・支配する家族形態、上野自身の言葉を借りれば「男がその能力にかかわらず上げ底になっているシステム」[3]であり、父親である男性が自分の妻や娘を自分の所有物とみなす制度である。したがって、男性は自らの妻や娘の自由な性的行為を禁じ、自らは金銭を代価にプロである売春女性と性交をする。こうして、家父長制と売春制度は相互に補完するものとなる。上野はこの点から、援助交際について先ほどのように述べ、女性側が援助交際をすることは、短期的には家父長制と対立し、長期的には家父長制を温存すると考える。女性が援助交際をすることが短期的には家父長制と対立する理由は、家父長制のもとで父親の所有物である妻や娘が援助交際で売春をすることが家父長制から最大限の利益を引き出そうとする行為として考えられるからである。長期的には家父長制を温存する理由は、援助交際をした女性が家父長制のなかでは貞淑な妻や娘を演じ続け、援助交際が秘匿されるかぎり、家父長制度における夫婦関係や親子関係は変化しないからである。結局のところ、援助交際は家父長制を破壊することはないと、上野は考える。

これに対し、援助交際を社会学的に考察している宮台真司は「援助交際はむしろ家父長制の敵対物」[4]と述べ、家父長制の所有物であるはずの「妻や娘が体を売ってしまうことこそが援助交際の本質」[5]と考える。つまり、援助交際の新しさは上野が述べるように家父長制の枠内で妻や娘が援助交際をするという自己決定にあるのではなく、男性にとって「自分の妻や娘が売っているかもしれないという一点」[6]に尽きるからこそ「家父長制弱体化のためにこそ援助交際・超ＯＫ」[7]と述べる。この二人の議論を比べると、両者が家父長制との関係で援助交際の本質をみようとしていることがわかる。

筆者は援助交際が家父長制を温存するのか、弱体化させ敵対するのかは重要な論点と考えるが、本書では援助交際を一つの均質な現象ととらえ、家父長制との関連を論じることはしない。第二章で論じるように、援助交際女性の類型によって、まったく援助交際の内容が異なるからである。終章において、さまざまな援助交際の分析をとおして、家父長制と援助交際の関係を、セクシュアリティの問題として考察している。

本書は、フィールドワークをとおして得られたインタビューをもとに構成された類型にしたがって編まれている。提示するのは、援助交際をしている、いたと話す女性たちから抽出した、援助交際をする女性たちに関する三つの類型である。順に列挙すれば、効率追求型〈バイト系〉／援助交際を効率のよいアルバイトとしてとらえるタイプ、欲望肯定型〈快楽系〉／援助交際を金品と性的快楽の獲得行為として位置づけるタイプ、内面希求型〈欠落系〉／自己の内面（mentality）の欠落を補完するために援助交際をするタイプである。データの整理上、その割合は、〈バイト系〉：〈快楽系〉：〈欠落系〉＝３：

1：6という比率になる。さらに内面希求型〈欠落系〉は二つの下位類型をもつ。それらは〈魅力確認系〉／自己の性的魅力の確認のために、援助交際をするタイプと〈AC（アダルト・チルドレン）系〉／他者からの承認を得るために、コミュニケーションとして援助交際をするタイプである。本書では、コミュニケーションという視点から、援助交際を分析する。ここから、現代の日本社会における性、愛、コミュニケーションのあり方について新たな考察を展開する。

2　調査の方法

本書は、筆者がした援助交際に関するフィールドワークにもとづいて執筆された社会学的研究の成果である。その核となるインタビューは、巻末のデータ表にまとめたように、九七年の五月から九九年一二月末までの間に、関西圏を中心に、関東圏、中国地方、福岡において、七一件が収集された。筆者が言うところのフィールドワーク（現地調査）とは参与観察や面接インタビューを中心とする社会調査である。本書では、文献研究や、内容分析、マス・コミュニケーション研究など、さまざまな研究手法を用いて、援助交際を描き出している。こうしてできあがった本書は援助交際に関するエスノグラフィーの性格をもつ。エスノグラフィー（ethnography）とは民族誌と翻訳される、フィールドワークの成果をまとめた報告書である。

インフォーマント（調査協力者）は、男女を含む援助交際の当事者たちで年齢は問わなかった。ただ調査の方法上「自分は援助交際の当事者である」あるいは「自分は援助交際に関係している」と自己をカテゴリー化した人々である。ただここで注意を喚起しておきたいのは、法律的には犯罪である売春的行為をしていると自己認識し、かつそのことが研究者という第三者に知られるという危険を覚悟したうえで積極的に話したいという六一人の男女であったということである。

この七一件、六一人のインタビュー・データの数量が適切か否かという問題については、最良とは言えないが研究書を執筆するにあたっては、適切であると筆者は考えている。その理由は、過去にインタビュー調査をもとにして売買春問題について書かれた研究書[8]を基準とし、さらに時代や社会の違いを問題としないことを条件として考えるならば、適切であると考えられるからである。H・グリーンウォルドは合衆国の精神科医であり、自らのクライエントとして面接した六人のコール・ガールのうち二人について詳述し、コール・ガールに関わる男性四人、他に協力者の手を借りて二〇人のコール・ガールのインタビュー記録を残している。またE・M・ミラーは社会学者として、合衆国ウィスコンシン州ミルウォーキーにおいて、刑務所や関連施設に収容された、一度は売春で捕まったことのある女性八四人にインタビューしている。彼女が満足できたインタビューは七〇人、分析の対象として適切なインタビューは六四人であったと報告している。グリーンウォルドは精神分析医として患者のコール・ガールから、ミラーは社会学者として施設に収容された売春女性に希望を募るかたちで、インタビュー・データを得ている。ミラーの「インタビューのやり方や対象の選定について、施設側の主導権のもとで当方の裁量がかなり制限された」[9]ケースと比較するならば、その点において筆者の得たインタビュー・データの偏りは少ないと言えるだろう。ただこれは程度問題で、社会調査のデータとしていくつかの大きな問題をかかえている。その最大の点は、援助交際の取材に自らの意志で応じてくれた〈自発的なサンプル（voluntary sample）〉という点に尽きるだろう。[(2)]この点については、読者自身の目をとおして判断してもらいたい。

調査方法は、次の二つの方法を選択した。一つ目は複数の伝言ダイヤルのオープン・ボックスに、調査の意図の説明と協力を依頼する旨のメッセージ[(3)]を吹きこむ方法であり、二つ目はテレクラでインタビューに応じてくれる人を捜すものである。このような方法を採らざるをえなかった理由は以下の通りである。その理由とは、なんらかの母集団から無作為抽出法などを用いて被調査者を選抜し郵送で「あなたは援助交際をしたことがありますか」といった項目からなる質問用紙に回答することを委託したり、街頭で「あなたは援助交際をしたことがありますか」というインタビューを往来の人にしたとしても、当事者たちは正直に答えるはずはない、ないしは答えられないという状況が想定できるからである。これは社会調査で言うところの、母集団が特定できない社会調査であり、定量調査の場合には、駅で男女一〇〇人ずつをつかまえてアンケートしたりするアクシデンタル（accidental）・サンプリングや不特定の人から意見を送ってもらって集計する応募法などが該当する。

この二つの方法で得られたデータは三種類ある。一番目は伝言ダイヤルやテレクラを介してのインタビュー、二番目は伝言ダイヤルやテレクラの電話回線を介さずに直接電話でするインタビュー、最後は筆者がもっとも望ましいとする面接インタビューである。そして、テープ録音を前提とした二番目と三番目の方法によって、七〇件以上のデータを集めることができた。今回あつかう七〇件以上のデータのうち、面接インタビューの占める割合は約八割である。これらの面接インタビューの場合は継続的に何回もする場合もあるが、その多くが一回かぎりのものである。インタビューはすべてテープに録音され、時間的に長いもので一回につき二時間半におよぶものもあり、これらはリライトという作業を経て、すべての会話を記録した「フィールドノーツ」[10]と呼ばれる、調査用にしつらえたノートに記録・整理されている。

次に、筆者のしたフィールドワークのもつ性格、その長所と短所について言及する。まず、筆者のしたインタビュー調査は取材と称してされた。初めは調査という言葉を使っていたが、調査という言葉を提示することでインフォーマントがおよび腰になってしまいインタビュー収集の確率が減じることと、〈調査=アンケート〉というイメージが存在しているため、筆者の意図しているインタビューとは乖離していること、この二つが理由である。筆者がしてきた取材とは電話インタビューと面接インタビューである。調査を始めた当初は援助交際の当事者が面接インタビューに応じるという状況は現実的にはありえないという憶測から、電話によるインタビューをしてきた。しかし、しだいに面接インタビューを収集することが比較的容易という状況が明らかになってからは、面接インタビューを中心としたデータを収集してきた。

データの質に関するかぎり、電話インタビューより面接インタビューの方が優れていると言える。ただしインタビューをする際に、電話を利用するメリットは存在する。それには、次のような理由が考えられる。まず一つ目は効率性の問題で、時間や経費、労力といった取材にかかるコストが低いことである。したがって比較的低コストで取材ができ、そして数も多く集めることができる。二つ目は時間と場所に制約される面接インタビューは不可能だが、電話インタビューなら受けてもいいと言う人が多いために、インタビューが比較的容易な点である。三つ目は、電話なら対面することがないので匿名性やプライバシーが守られるという側面が考えられる。この三点をふまえたうえで、電話インタビューのデメリットを考察してみよう。電話インタビューは相手の顔が見えないために、相手のプライドや面子を左右するような質問を投げかけるタイミングが難しい(5)。電話でのインタビューをしなくなった理由は、面接取材と比較して、電話取材では込み入った、密度の濃い話はできないという実感をもったためである。

インフォーマントや調査方法がどのように調査データに影響をおよぼしているのか、あるいはおよぼしていないのかは不確定のままである。調査に応じない人々がどのくらいいるのか、またどういう人々なのかは知ることはできない。ただ筆者が取材したかぎりでは、いくつかの調査上のバイアスの存在が推測できる。

一つは、インタビューに応じてくれたインフォーマントのインタビュー内容の信憑性である。インタビューは過去にあった記憶をたどるかたちでされるが、故意に事実を否定・歪曲する可能性(6)や、記憶自体の信憑性に関わる問題が付随している。記憶とは「鮮明で、しかも、正確だからといって記憶は本物だという証拠にはならないし、逆に、そうした質的なものが欠けているからといって、記憶を間違いだときめつけることもできない」[11]ものである。このように過去に関する記憶自体を呼び起こして、話すという行為には、常に疑問符が付与される。本書は、主に援助交際をしている女性たちのインタビューをもとに構成されている。筆者は、彼女たちが援助交際で出会う男性に対して、名前や年齢といった履歴をごまかして接することが多いことを、彼女たち自身の口から耳にしている。筆者に対しても、嘘や事実の歪曲をしていないという保証はどこにもない。また本人は事実を語っているつもりでも、「売春婦は自分の身上経歴については嘘をつく。その嘘を守るためにさらに嘘を重ねる。そしていつかその嘘が自分にとって本当のことのように自分自身で信じていく」[12]にちかいケースもあるかもしれない。しかし、本書ではインタビュー内容を、現実にその場面でインフォーマントが語った出来事としてとらえるスタンスを採る。そのうえで、そこから見いだせるものを抽出する。

調査者である筆者とインフォーマントとの関係性に由来するインタビュー内容への影響の問題がある。インタビューがいつ、どこで、どんな条件・状況・手順でされてたかによる影響ももちろん存在するだろう。さらに調査関係において、主に調査者が男性、インフォーマントが自らの性的行為を話す女性であるという関係性も無視できない。

また面接インタビュー調査については、事柄が大げさになっていくバイアスであるドラマタイジング・イフェクト（dramatizing effect）や、インタビューアー効果（interviewer effect）の存在が指摘されている。とくに、インタビューアー効果では容易に次のようなバイアスを指摘できる。インタビューアーとインフォーマントの社会的・性格的属性がインタビュー内容に変化を与える属性的効果（biosocial effect）や、インタビューアーがインフォーマントのあいまいな回答を勝手に解釈する解釈者効果（interpreter effect）、インタビューアーのもつ思想的傾向から、非意図的に一定の回答を誘導する予想効果（expectancy effect）、インタビューアーの態度や性格により回答や回答率の変化が起こるサイコロジカル効果（psychological effect）、インタビューアーが自覚しないままに、回答者に一定の刺激を与え、インフォーマントがそれに合わせて回答するモデリング効果（modeling effect）などである。[13]

以上のようなインタビュー調査に関する問題点に対して、筆者は歴史的事実より物語的真実を重んじるスタンスを選択する。たとえば、精神分析学においても「もはや、精神分析をしても記憶のもともとの記録が掘り起こせるとは信じていない。歴史的事実は掘り起こせない。できるのは物語的真実、すなわち美的な仕上げが施され、クライアントの現在の性格にマッチしたひとまとまりの真実にすぎない」[14]と考える立場が登場している。筆者もまた、インタビュー場面で話す・話された内容が、インタビューの場における、筆者とインフォーマントの双方向的なコミュニケーションによって達成され、創出された現実と考える。純粋に歴史的事実を掘り起こし、検証することはできないために、筆者はインタビューの場に登場した物語的真実として、以下のインタビューを考察する。

3　売買春小史

1　売買春の歴史

売春（prostitution）とは、語源的に「曝《さら》して売り物にすること」[15]である。人類学的な調査によれば、「世界一五〇の民族のうち、売春の習慣があるのは一三八と、九割を越えている」[16]とされる。ここでは、予備的な作業として、日本における売買春の歴史を、簡略化して概説する。

中世以前

中世以前の日本における売買春の歴史を語るには、当時の売春女性の手紙や日記が残存していないために、現在まで残っている歴史的な二次資料を用いざるをえない。この場合の歴史的資料とは、当時の法令や、和歌や物語といった文学作品のことである。そこから推測される日本における売春女性の起源には、巫女起源説[17]と外来民起源説[18]がある。巫女起源説は神の加護と御利益を得るために、巫女と神が乗り移った神主との間でされる性交が売春の起源とする説である。外来民起源説において売春は、四世紀後半ごろに朝鮮半島から渡来した人々が芸能や売春を生業としたことに始まったとされる。現在のところ、巫女起源説が定説となっている。基本的に、江戸時代に公娼制度が完成するまでは、売春女性は宗教性と芸能性をあわせもった存在であったと考えられる。

最初に確認できる売春女性の名称は、奈良時代『万葉集』に登場する遊行女婦《うかれめ》である。遊行女婦は「宇加礼女」「阿曾比女」とも呼ばれ、当時の和歌や物語にしばしば登場している。中央から地方に派遣された役人と交流をもち、歌などの芸能に秀でていたとされる。次に確認できるのが平安時代の遊女《あそびめ》である。遊女は表芸として歌や舞などの芸能を演じながら、裏芸として売春もしていた。次に、平安時代末期の源平争乱期から鎌倉時代にかけて白拍子《しらびょうし》が登場する。白拍子とは音のリズムの名前で、女性が男装して舞を踊り、また売春にも応じたと言われている。[19]

近世江戸時代

近世江戸時代に入り、宿場町や城下町が発展し、交通が整備されてくると、都市生活者や都市移動者が都市に滞在することになる。近世の都市において売春女性はその種類と数が増加する。江戸時代の売春女性には私娼と公娼に二分できる。私娼には街娼である夜鷹《よたか》(7)、茶屋で給仕する茶立女、風呂屋で働く湯女、公娼には遊郭などに所属する女郎、その高級売春女性である太夫《たゆう》や花魁《おいらん》などがある。公娼制度は室町時代に、室町幕府が売春女性に税金を課した傾城局《けいせい》（一五二八年）に端を発する。以来、公娼制度は五八年の売春防止法の施行によって赤線が廃止されるまで、四百年以上の歴史をもつことになる。江戸時代には幕府の手厚い保護政策のもとで、江戸の吉原に代表される公娼遊郭地が全国二五カ所に存在した。[20] 遊郭で売春をする女郎は、全国から借金のかたに売られた農民の妻子である。年齢は「一般に一四歳から登場しており二七歳まで」[21]とされている。平均死亡年齢は二〇代前半(8)であった。

遊郭では擬似的な恋愛制度が発達する。江戸時代には都市居住者である武士階級や町人階級では、私有財産制と父権の確立によって、上位者への権威に対する忠誠が重んじられ、親子や夫婦の情を捨て去り、男性は大丈夫として生きることが称揚された。上位の者である男性が下位の者である女性を恋い慕うことは女々しいことであった。当事の恋物語である井原西鶴の代表作『好色五人女』をみれば、主人公である五人の女性と相手の男性は色恋に狂った結果として、地位や名誉、財産を失い、このうち四人の男女が悲惨な末路にいたっている。このように、自由恋愛が罪悪とされ、厳しい社会的なサンクション（制裁）が設けられた社会では、売買春において擬似的な恋愛が発展する。「徳川期の遊郭というのは、単なるセックスの相手を提供する場所ではなかった。嫌な話だが、吉原のような格式の高い遊里では、初回、裏、馴染みというかたちで、客は三度通って初めて女郎と枕を交わすことができたのである。しかも、嫌な相手なら、女郎は振るつまり部屋に行かないということができたのである」。[22]

近代以前の売買春の歴史において留意しなければならないのは、もともと売買春が神聖な宗教的価値をもったものであった点と、江戸時代の遊郭においては擬似的な恋愛としての売買春が成立していた点である。

近代以降

明治期に入り、江戸時代の遊郭は明治政府の公認のもとで存続していた。しかし、一八七二年マリア・ルーズ号事件が起こり、状況が一変する。中国人奴隷二三〇人を積んだ南米ペルーの船マリア・ルーズ号が修理のため横浜に入港した際に、そのなかの一人が救助を求めたのである。日本政府は、船長を裁判にかけ、中国人を全員本国に送還した。これに対して、ペルー政府は、日本国内において人身売買によって売春女性とされた奴隷が数万人もいるのに、外国の奴隷を禁じることはできるのかという抗議を寄せ、国際問題となった。結局、国際裁判において日本側は勝利するが、日本は一八七二年に「芸娼妓解放令」の布告を余儀なくされた。この布告によって人身売買の禁止、芸娼妓の解放、前借金の棒引きが約束された。この法令では遊郭自体の営業は禁止されていないために、遊郭は存続した。翌年には「東京府貸座敷及び芸娼妓規則」が施行され、本人の真意による出願と遊郭地区の特定を条件として、実質的に公娼制度は「売春防止法」が施行される五八年まで存続する。(9)

第二次世界大戦後、連合軍総司令部GHQは公娼制度廃止を決定するが、地域を限定して存続が認められ、赤線・青線というかたちで売春防止法の施行まで残ることになる。赤線とは特殊飲食店街のことであり、以前の遊郭免許地で、警視庁がこの地域を地図のうえから赤線で囲んだことに由来する。青線は「赤線地域の周辺の旅館、料理店の名目で、事実上は飲食店の営業許可だけで娼家経営をしていた地区」[23]をさす。売春防止法の施行以降、赤線・青線地帯は消滅したが、売買春は存在し続けている。たとえば、ソープランドは、実質的に売買春の場でありながら、免許をとり保健所の定期的な検査を受けることで、表面的には売買春をしていないとされている。そのため、売買春はなくならなかった。

売春女性観の逆転

明治期以降の売買春における大きな変化の一つに、売春女性への蔑視・スティグマの問題があげられる。先にみたように、近世以前の売春女性は宗教性と芸能性の名残《なごり》をもつ存在であった。そこでは古代の宗教的儀礼としての神聖売春とまではいかないが、当時の文学作品から性を聖なるものとみなす感覚が近世江戸時代まで残っていたと考えられる。[24]ところが明治期に入り、西洋の文化をとりいれるなかで、キリスト教的な価値観が性愛の領域に浸透してくる。性交は神の領域ではなく、野蛮と動物の領域に配される。性交が正当化されるのは、結婚した男女の間での子づくりのためにする生殖行為だけである。したがって売買春は宗教性を帯びた神聖な行為ではなく、動物的な欲望を処理する行為となり、売春女性への蔑視が獣商売といったかたちでなされ、彼女たちは人間以下の存在とされてしまう。この観念が現在まで社会に広く浸透していることを端的に示すのが、八七年に起きた池袋事件である。

この事件は、池袋のホテルの一室で、ホテトル女性が客である男性からナイフで脅され、変態的な性交を強いられたため、生命の危険を感じ、自己防衛のために男性を刺殺してしまった事件である。この裁判における検察官の論告は「被告人はそもそも売春行為を業としており」から始まり、ホテトル女性が受けた暴力や強要は職業上、致し方のないものと述べられている。またこの裁判の判決文には「一般の婦女子に対する場合と同列に論ずることはできず」と記載され、ホテトル女性は一般の婦女子のもつ人権や性的自由が十分に保障される存在ではないと裁判官が述べている。この感覚は、おそらく明治期に輸入されたキリスト教的な倫理観の影響によると考えられる。

2 少女売春

援助交際が人口に膾炙《かいしゃ》するのは九〇年代に入ってからであるが、七〇年代に〈少女売春〉という言葉がマス・メディアをにぎわしたことがあった。もちろん、少女売春はずっと以前から存在している。たとえば、五二（昭和二七）年、横浜市で起こった女子中学二年生三人による売春事件[25]がそれである。しかし、七〇年代の少女売春は当時、以前の少女売春とは異なる、新しい少女の売春として当時の人々の目には映ったようである。そこでは、少女売春は、それまで語られてきた少女の知能の低劣や家庭の経済的貧困が原因ではない、新しい売春の形態とされ、学校から逸脱した非行というカテゴリーの一つの形態として、あるいは家庭環境の不健全さのあらわれとして語られている。[26]つまり、少女売春は知能や経済の欠損の問題ではなく、学校や家族の問題として理解されている。そのことを例証するのが、ウラバン少女の存在である。ウラバン少女とは「表では、つまり学校や家庭ではごくあたりまえの生徒、娘、ところが裏に回って、親や教師から離れると何をしているのかわからないという少女」[27]とされる。ジャーナリストの石原勉は「本人からの投書、電話、あるいは知り合った少女からの紹介」で六二人の中高生に対する面接取材の結果からこのことを明らかにしている。

少女売春の原因として、石原は七五年三月に発行された『非行少女白書』[28]の記事を引用している。警察庁防犯少年課が非行少女の増加要因としてあげているのは、第一に、少女の高校進学率が七四年に九一・一%と増加し、授業についていけないものがドロップアウトして、スケバン・グループなどの非行群を形成したこと、第二に、家庭、学校における躾《しつけ》教育の不足が、社会規範意識の希薄な、欲望に対する耐性の弱い少女を生み出していること、第三に、週刊誌、テレビ、映画などのマスコミによる報道内容が少女の興味と関心を集め、性解放の風潮や、性の遊戯化傾向、非行文化などに影響していること、最後に、近年、少女の服装や言葉使いが男性化し、また行動的になっていることである。これらの四つの要因が少女を非行化、粗暴化させていると類推されていた。

以上のように、七〇年代の少女売春は知能や経済の欠損の問題ではなく、学校や家庭からの逸脱の問題としてとらえられている点が新しい。七〇年代の売春少女は、外見的に非行少女であるスケバンと外見的には普通の少女であるウラバンであるか否かにかかわらず、逸脱と非行の問題であったことがうかがえる。そして、非行の延長線上に少女売春がある。石原は「これらの数例のみで、万引きが売春への第一歩とはもちろんいい切れないが、売春が万引き山脈の一つの峰であることは確かだろう。万引きの流行化と、密かに蔓延する少女売春、両者の底には同種のある地層が横たわっている」[29]として、万引きと少女売春の関連性を指摘している。

しかし、九〇年代の援助交際は七〇年代の少女売春とは異なっている。このことは後に詳述するが、筆者のした面接インタビュー調査の範囲にかぎって考えるならば、確かに援助交際をする若年層の女性には学校への不適応や家庭環境の不健全が原因と考えられる例もある。しかし大半の事例においては、女性側が援助交際をする理由を、学校への不適応や家庭環境の不健全を原因として考えるよりは、自己確認の手段や都市的時空間への適応の形態として考える方が適切である。

たとえば、筆者がインタビューをした、援助交際を短時間で大金の稼げるアルバイトとしてするタイプの〈バイト系〉の援助交際女性は、都市的空間における居場所を確保するためにしている。インタビューした女子高校生はひと月に最低五万円のお金が必要だという。ブランド品の服や鞄、携帯電話、カラオケ、日焼けサロンなど、彼女が〈コギャル〉という仲間集団と過ごすには月々に最低五万円のお金が必要だというのも肯ける。この場合、援助交際は学校や家族の問題ではなく、彼女の所属集団や価値観の問題なのである。この例からもわかるように〈少女売春〉から〈援助交際〉への変化を、家族や学校からみることは十分な理解にいたらない。

3　電話風俗小史

援助交際は、テレクラや伝言ダイヤルなどのメディアを媒介しておこなわれる。このようなメディアを〈電話風俗〉と呼ぶ。電話風俗という言葉は社会学者である宮台の造語であり、「不特定の男女の出会いを仲立ちする、電話回線を使ったサービスをさす」[30]。電話風俗におけるメディア（媒体）には、テレクラ、ダイヤルQ2、伝言ダイヤル、ツーショットなどが存在する。電話風俗は、テレクラ→伝言ダイヤル→ダイヤルQ2（ツーショット）→ダイヤルQ2（Q2伝言）→ツーショット転送システムへと、その流行が変遷している。

まずは電話風俗の代表とも言えるテレクラをとりあげる。テレクラはテレフォンクラブの略称として使用され、店舗を構え、男性客が料金を払って個室に入り、一般女性からかかってくる電話を待つシステムをとっている。会話の内容は自由である。テレクラの一号店は、八五年九月、東京・新宿に営業した「アトリエ・キーホール」である。「テレクラは当初、素人女性相手にテレフォンセックスすることが男性客の目的だった」[31]とされる。テレクラには首都圏を中心として言えば、三つのブームが存在する。[32]第一次テレクラブームは、八六年から翌年の間とされ、素人女性と会える、性交できることが明らかになったことでブームとなった。九一年の第二次テレクラブームは、八八年ごろに進行したテレクラの売春化と九〇年のテレクラの荒廃を受けて、売買春の大規模化となって現れた。第三次テレクラブームは九三年から翌年にかけて、〈少女売春〉つまり援助交際ツールとしてテレクラが利用されたことで生じた。つまり、テレクラはもともと売買春の道具ではなかったのである。その一例を、九〇年ごろに高校生であった援助交際女性が語った当時のテレクラにみてみよう。そこには、大阪市内に住んでいた彼女の周囲において、本書であつかっている援助交際がなかったことが示されている。

◎2……………………

キミコ：私たちの高校生の時って、援助交際みたいなかたちじゃなくて、ただ学校から（テレクラに）電話して、友だちとかと一緒に知り合った人に迎えに来てもらって、遊びに行ったりとかみたいな感じなんですよ。

筆者：遊びに行ってた？

キミコ：そうです。そうです。（中略）

筆者：今で言う、援助交際みたいなのはないの？

キミコ：私たちの時はね、お金もらってHするというのはなかったんですよ。（中略）七年前って、お金もらって（Hするというのじゃなくて）、だからオジさんとかとつきあうのじゃなくて、大学生ぐらいとか高校生ぐらいの男の人も（テレクラに電話を）かけてくるから、同年代の子を捜して遊びに行くというのだったから、お金をもらってじゃなかったんですよ。

テレクラが売買春のツールとなっていった背景には、NTTのQ2規制の影響によってあおりを食った業者がテレクラに流れて競争が激化したこと、テレクラ自体が「人妻専用ダイヤル」「女子高生専用ダイヤル」などジャンル別に細分化し、利用者の差別化を図ったことがあげられる。九四年八月には、全国に一五〇〇軒のテレクラが存在し、九六年一月には岐阜県で日本初のテレクラ規制条例が施される。[33]
また筆者が取材した四六歳の男性は大阪市郊外のテレクラ利用者であるが、九五年ごろと比べると、援助交際を目的にかけてくる女性がかなり増えたと話してくれた。

ツーショットとは自宅転送型テレクラとも呼ばれる。現在は一般電話回線を利用するのが主流である。NTTのダイヤルQ2は、八九年七月に始まり、複数の人間との会話を楽しむパーティーラインと、二人の見知らぬ者同士の回線を繋ぐツーショットダイヤル、伝言の三つのサービスを提供した。ツーショットは密室性と匿名性から、テレクラと同じように売買春の道具として使用され始めた。このため、NTTは九一年六月にダイヤルQ2の新規契約を打ち切る決定をした。そこで、ツーショットダイヤルはツーショット転送システムの形態を採るようになった。これはNTTの自主規制がおよばない一般回線を用いて、自宅などの指定した電話番号に異性からかかってきた電話を転送するシステムであり、暗証番号を印刷した業者のプリペイドカードをテレクラや自販機で購入することで使用できる。九四年八月時点の一般回線ツーショット軒数は三四〇軒[34]である。

次に伝言ダイヤルについて説明する。伝言ダイヤルとは、利用者が業者の設けた専用回線に自分のボックスと暗証番号を登録し、伝言を入れるのは自由だが、登録者だけが自分のボックスに入った伝言を聞くことができるというシステムをさす。一定時間の伝言を一定時間プールできる。伝言ダイヤルは当初NTT伝言ダイヤルとして誕生した。これは、八六年一一月にNTTが提供した「留守番電話をNTT回線内に共有して、外部から伝言のやりとりができるように始めた、暗証番号を共有する仲間同士間のサービス」[35]であり、誰もが思いつく「1234」などの四桁のボックス番号や暗証番号を使用することで、不特定多数の人々と伝言を交わすことができる。NTT伝言ダイヤルの後に、Q2伝言が登場する。Q2伝言は、男女別に伝言ボックスを設け、多数の異性の伝言だけを聞くことができ、そのうえ、特定の相手との個人的メッセージを交換できるオープンボックス機能をもっていた。八九年二月には全国で四〇万コールの利用があった。しだいに、売買春目的に使用されるようになったために、NTTは九三年一〇月にQ2伝言のオープンボックスの契約変更を打ち切り、九四年九月に倫理基準を厳格化し、その結果、多くの業者がQ2ビジネスから撤退した。しかし、伝言ダイヤルは一般の電話回線内に移行することで、今日にいたっている。

総務庁が九五年にした調査において、高校二年生男子の六・六%に対し、高校二年生女子の二七・三%がテレクラなどに電話をかけたことがあるという結果が得られた。[36] また『青少年白書』によれば、九八年現在、テレクラ・ツーショットダイヤル営業所は二八八一にのぼっている。[37] 現在でも、テレクラ、ツーショット、伝言ダイヤルは電話風俗の主流となっている。

筆者の調査の範囲内で言えば、電話風俗の利用者はテレクラ、ツーショット、伝言ダイヤルのすべてを利用しているのではなく、自らの利用目的やコミュニケーションのスタイルに合うメディアを選んで利用している。先にふれた四六歳の男性によると、テレクラの男性利用者は三〇代・四〇代が主流だが、伝言ダイヤルの利用者は二〇代から三〇代半ばまでだという。このことは筆者の参与観察においても認められる。女性もまた、メディアの使い分けをしている。先に登場したキミコは、援助交際をするメディアとして、高校時代に遊び目的で利用したテレクラではなく、伝言ダイヤルとツーショットを利用している。

◎2……………………

筆者：今は、伝言とツーショットだけ？

キミコ：うーん、テレクラにはかけないですね。

筆者：なぜかけない？

キミコ：テレクラは今すぐ会いたいって言う人が多いんですよ。ツーショットはお互い家とか、まぁ、車で携帯で電話しながら走っている人もおるけど、ほぼお互い家でしょう、そしたら、昨日、私が（筆者に）電話した時間（夜一二時ちかく）も遅かったけど、あれくらいの時間から遊びに行こうやって言う人はまずいてないでしょ。だから、話（を）することが少ないんですよ。テレクラの人って、まぁ、かぎられた一時間とか二時間の間に、さっさと会える女の子を捜したいわけでしょう。そしたら、（テレクラ男性の関心は）会えるか会えないか、だけでしょう。会話もしてないのに、そんな会うのは逆に嫌じゃないですか。だから、テレクラの方にはかけないし、（伝言ダイヤルの方は）伝言で電話番号聞いて、電話して。

筆者の場合、調査に使用したのは主に伝言ダイヤルであった。その理由は、伝言ダイヤルにメッセージを吹きこんで女性からの返事を待つというスタイルが経済的・時間的なコストを軽減できること、テレクラにおける一時間や二時間のかぎられた時間のなかで、取材相手を見つけなければならないというプレッシャーが嫌だったこと、テレクラ特有のノリを基調とするコミュニケーションが苦手だったことがあげられる。そのため、関西地区では伝言ダイヤルを媒介として取材相手と出会うケースがほとんどだったのに対し、それ以外の地域では短期間でインタビューを収集しなければならないために、テレクラで取材相手を見つけるケースが多かったのである。

第一章　援助交際とは何か？

1　援助交際の登場

1 〈援助交際〉の語源と登場

性風俗に詳しいフリーライターの松沢呉一によれば、〈援助交際〉という言葉が性に関する用語として使用されたのは、「囲われざるお妾／今や援助交際大はやり」[1]という五三（昭和二八）年の記事である。[2]そこでは、援助交際とは妾になること、今の言葉で言えば愛人のようになることを意味している。また七三年には『全国交際新聞』(1)における「〝援助交際〟は、要するに未亡人が〝割り切った交際〟を求めたり、独身ＯＬがパトロンを求めたりする」[3]という記述が確認されている。

現在の〈援助交際〉は八二年に誕生した「愛人バンク」(2)に直接の起源をもつ。その後、金銭を媒介に女性が男性と交際する行為をさす言葉として、テレクラやデートクラブ(3)で使用され、それがマス・メディアによってとりあげられることで、社会的に一般化したと考えられる。

テレクラや伝言ダイヤルといった電話風俗において、援助交際が始まったのはいつなのだろうか。これには地域差が存在する。取材当時、五二歳だったスミレは、八〇年代後半のテレクラを知る唯一のインフォーマントであった。八〇年代後半の東京のテレクラにおいて、〈援助交際〉という呼び名ではないが、すでに金品を介して性交をする習慣が存在していたと語っている（◎51）。しかし、九〇年ごろの大阪にかぎって言えば、成人男性が女子高校生と性交をするために、金品を払うという行為が存在していなかったと、キミコは語っている。

◎2……………………

キミコ：まぁ、少なくとも、私たちの時は高校生ぐらいの時で、する（お金をもらって性交をする）って言ったら、すっごい特殊なことと思われていたのをはやりにしちゃって、「（援助交際の）なにが悪いのよ」にしたのは大人やと思うし、買うのも大人やし、だから言ったみたいに、私たちが高校生の時に、高校生や大学生のお兄さんと遊んだからといって、お小遣いもらってへんかったわけやし、お父さんぐらいの年の人とHしたら、お金もらえるよって教えたのは大人やから、ある意味仕方がないっていうか。

現在の〈援助交際〉という言葉は、筆者の取材範囲では、九一年東京において使用され始めたと推測される。次の証言にみてみよう。

◎23……………………

筆者：〈援助交際〉という言葉を最初に聞いたのはいつぐらい？

サクライ：聞いたって言うより、自分が使い出したのは一六歳（九一年ごろ）ですね。

筆者：（売春行為を意味する）ウリとか、そういう言い方じゃなかったの？
サクライ：ウリとか、そういう言い方じゃなくって、（テレクラで）「えーっと、今ちょっと困っているんで、いくらか援助して欲しいんですけど」っていう言い方から始まって、で、今、めんどくさいから〈援助交際〉って言えば、ひっくるめて分かってくれるから。

サクライの話によれば、九一年当時東京において援助という言葉が使用されている。つまり〈援助交際〉の起源は、相手から金品を得ようとする場合に用いる表現だったことがわかる。そして援助をしてもらうために相手と会うと、その行為は援助交際となる。

2　社会問題としての援助交際

〈援助交際〉という言葉が最初に全国紙新聞紙面に登場したのは、九四年九月二〇日付の朝日新聞である。それ以降〈援助交際〉という言葉は紙面をにぎわすようになった。九六年から翌年にかけて、マス・メディアは「女子高生の売春」と同義に援助交際を大々的にとりあげ、一種の〈援助交際〉ブームを引き起こすにいたった。同時に援助交際はマス・メディアの報道をつうじて、人々に深刻な社会問題として認知されるようになった。たとえば、朝日新聞社が九七年の一二月一四、一五日の両日にした三〇〇〇人規模の面接調査では、女子中高生の援助交際を大きな社会問題として認識したのは、全体の八

五％にいたっている。(4)

こうして〈援助交際〉という言葉は人々に間において、一定の意味内容を指し示す語彙《ごい》となった。また、岩波書店の『広辞苑』は、九八年の第五版発行の際に、新しく一万語を追加した。このとき、新たに「Jリーグ」や「茶髪《ちゃぱつ》」を現代語として収録したが、〈援助交際〉は追加収録されず、そのことが話題になった。その理由は一時的な流行語であると考えられるために、『広辞苑』に収録するにはおよばないという判断があったからである。しかしながら、〈援助交際〉は現代語として収録されている例もある。たとえば、九八年に出版された『現代用語二十世紀事典』（自由国民社）において、その九四年の項目に〈援助交際〉が収録されている。内容は「一般の女子高生の性意識は、かつてとは比べ物にならないほど開放的になっている。お金のためなら性を商品化することに、なんら罪悪感をいだかない女の子も登場。テレクラを利用しては、援助交際という名目で男性に金銭を要求、その見返りとして、肉体関係を許すというパターンもでき上がってきた。なかには、数人で一人の男性とホテルにチェック・イン、相手が気を許したところで催涙スプレーや警棒でダメージを与え、金品を強奪するという、新手のテレクラ強盗までが現れた」というものである。さらに九七年発行の『イミダス』（集英社）には、文教大学女子短期大学部専任講師大塚明子の名前で「ブルセラやデートクラブによる女子高生の性の商品化という現象は、九三年ごろからマスメディアをつうじて広く社会的な注目を集め、警察はデートクラブの摘発に乗り出した。九六年には補導される女子高生らの数が前年より三割以上減ったが、警視庁によれば、それにかわって携帯電話やポケベルを使った〈援助交際〉という名の個人契約が増加し、少女売春が潜在化しているという。自分の顔写真のシールに携帯電話などの番号を書いてプリクラの機械に貼る例も現れ、ゲームセンター側に禁止された。東京都は全国の都道府県のなかでも例外的に淫行処罰規定をもたないが、こうした事態に対応して、諮問委員会をつくって同規定の導入の検討を始めた。法的規制により売春が地下に潜る危険性を指摘する声もあり、今後の行方が注目される」という援助交際の説明がある。この二つの援助交際に関する説明に同意できる部分もあるが、同意できない部分もある。

3　援助交際という名の売春

大阪府警が「援助交際は売春です」というメッセージを刷りこんだポスターを作成したのは、九七年の春であった。府警の意図は〈援助交際〉が未成年層に、現実に彼女たちの一部がしている〈援助交際〉という名の行為が実質的に売春であり、犯罪行為にほかならないことを啓蒙することにあった。つまり売春という行為が〈援助交際〉という名で語られ、「売春」という名の行為のもつ犯罪的な意味合いが軽減されてしまったかのように当局には認識されていた。

ところで「援助交際は売春です」という文言にみられるように、援助交際とは売春なのであろうか？筆者は、女性を行為主体とした場合、援助交際とは売春的行為であるが、すべての援助交際が売春ではないという立場に立っている。「援助交際という名の売春が広がり、多くの少女らが自己満足と金欲のため非行に走っている状況が続いている。今の少女たちは親や教師といった子どもを取り巻く大人たちに対する尊敬畏敬の念などはほとんどなく、有害な環境に毒され社会の一員とか道徳観念をも持ち得ずに成長している」[4]という記述のように、援助交際を売春と考える立場に立つ多くの人は、援助交際の当事者からの情報ではなく、マス・メディアの流す情報から、援助交際を論じる第三者である。したがって、「援助交際という名の売春」というのは正確な規定ではない。

それでは、援助交際とは何かを、筆者のフィールドワークにおけるインタビュー調査から考察してみよう。

2 援助交際とは何か？

1 援助交際の行為内容

フィールドワーク（現場調査）にもとづいたデータによれば、援助交際と呼ばれている事象の中身は実に多様である。一例としてアキと名のる二〇歳の大学生が伝言ダイヤルのオープンに吹きこんだメッセージをみてみよう。

◎19……………………

もしもし、えっと二〇《はたち》の学生です。私、大阪市内に住んでいて、身長一六〇、体重五三ぐらいで、ちょっとポッチャリしてます。見た感じは、普通やと思います。大阪市内、阪急沿線に住んでいるので、梅田か十三あたりで会ってもらえる方、探してます。一応、援助で会ってもらえる方、探しています。

このメッセージを吹きこんだのは、九八年の一月の下旬である。この伝言をつうじて、アキは、彼女が援助交際をやめる八月までの間に、二〇人の男性と援助交際をしている。たとえば援助交際はこのようにしておこなわれている。

最初に明記しておかねばならないことは、援助交際をする当事者はマス・メディアでとりあげられる〈女子高生〉だけではなく、一般のOLから大学生、専門学校生、フリーター、既婚女性まで、実にさまざまな肩書きをもつ女性たちである。また直接に話を聞いた女性にかぎっても、一〇代、二〇代の女性がほとんど（九六％）で、二〇歳前後（一八歳から二二歳まで）の女性が四割以上を占めるとはいえ、年齢的には一四歳から五二歳までと幅広い。援助交際の内容についても、たとえば筆者が取材した事例をあげると、京都の女子高校生二人は彼女らが「オヤジ」と呼ぶ三〇代、四〇代の男性に、カラオケに一緒に行く、服の上から身体を触らせる行為の代償に金銭を受けとっている。このことは女子高校生にかぎらず、二〇代のOLが中高年の男性と食事をともにするだけで数万円相当の金品を受けとるという事態とそうは変わらない。また援助交際をしている女性のなかには、意識的に、男性器の挿入という行為をともなう援助交際とそれ以外の援助交際を分けている場合もある。前者は「ウリ」、まれに「本番」という名称で呼ばれている。

2　援助交際と売買春の相違

次に言及しておかねばならないことは「ウリ」「本番」と呼ばれている援助交際が日常的に用いられる売春とまったく同一なものか、そうでないのかという点である。この問題の微妙さは、次のインタビュー事例にもあらわれている。

◎2…………

筆者：セックスをしてお金をもらうことは非難の対象になるよね。僕らは一般に労働することによってお金をもらっている。そのこととセックスをしてお金をもらうことはいわば一緒やね。

キミコ：同じ。当然の報酬というか。愛情のない人間と、そういうことをして（お金を）もらうんやから、言ってみたら、風俗という仕事もあるわけやし、もっとさかのぼれば、今の四〇代・五〇代の偉い人にも愛人さんや妾さんだとかいてるわけやし、もっとさかのぼっていってみたら、それこそ戦後、外人について歩いている女の子もいてたわけでしょう。そうしたら、今の子たちは特別じゃないと思うんでんすよ。ただ呼び方が変わって、その時代、その時代、そういう人たちが白い目でみられてきた

やろうから、今の女子高生に下がってしてるって言う意味で、女子高生を特異な目で見るっていうのも、あれやけど、絶対どの時代にもあったことやから、今さらそれを新しいと言うみたいな感じで言うのは、援助交際という言葉が新しいだけで、平たく言えば売春でしょ。で、もうすっごい昔からあるわけじゃないですか。

キミコは、援助交際は売春であり、売春は昔からさまざまな形式で存在しているのだから、なんら新しいものではないと語っている。筆者はこの考えに否定的である。

売春を、女性が男性器の挿入という性交[5]の代償に金品を受けとる行為として定義すると、ここでの筆者の立場は、両者は外見的にはまったく同一のものであることを了解したうえで、しかしながら、当事者たちの意識的な意味合いはまったく異なるものだというものである。以下においてその理由を説明しよう。

売春には管理売春と自由売春がある。管理売春とは、買い手と売り手との間でされる性交に、第三者が介在し、その第三者が場所を提供したり、買い手と売り手の交渉を仲介する。具体的には、ソープランドやホテトルなどが代表的である。自由売春とは第三者が介在しない売春であり、売り手と買い手という二者関係である。広義には援助交際の「ウリ」「本番」もこれに含まれる。管理売春と自由売春の違いは、何かトラブルが生じたときの責任の帰属という点にあらわれている。この点を、風俗と援助交際の両方を経験している、ユキと名のる二二才の女性とのインタビューから裏づけてみよう。

◎21……………………

筆者：最初に援助（交際）をやったときも、（風俗に初めて行ったときと）同じ気持ちだったの？

ユキ：最初に援助したときはムチャ緊張したよ。だってあれは、援助はお店とおしてやっているわけじゃないから、自分の責任になる。お店とおしては、お店のマスターが一度は客と話をしてたから、デート（代）もお店にお金入れるから、やっぱ事務所が一応責任はとってくれる、守ってくれるけど、援助はあくまでも全面的に自分の責任やから。

つまり、管理売春は管理する第三者、ここでは「お店のマスター」が責任を負ってくれるが、援助交際は自己責任となる。三年間、本番なしの風俗店を転々としてきたミズキは、援助交際と風俗との違いを「間《あいだ》をとおす」と表現する。

◎69……………………

ミズキ：だから、確実に現金主義なんよ、こういう物事（援助交際）の取引は。何でかって言ったら、間、とおしてへんから。間、とおさんもんは全部物々交換当たり前。何で、そういう考え方になったかと言うたら、（中略）それは何でかと言うたら、風俗がそうでしょう。

ソープランドやホテトルなどの風俗が管理売春に該当し、援助交際は自由売春として考えられる。管理売春の場合、トラブルの際に、管理者である第三者が処理を請け負ってくれるが、自由売春は個人の問題として処理しなければならない。

そして自由売春には、自己決定という問題が生じてくる。ここでの自己決定とは、自らの意志と考えによって、行為を選択し、行為の結果生じる問題について責任を負う立場をさす。売買春においては、買い手も売り手も互いが納得をして性交をしており、誰にも迷惑をかけてはいないのだから、第三者からとやかく言われる筋合いはないという考え方である。たとえば、それは次のような主張に代表される。「買売春は、買う側も売る側もOKしているのだから、犯罪じゃない。食欲はレストランで買うのに、性欲は買ってはいけない！　というモラルの問題を法律で取り締まるのはよくないと思う」[5]。援助交際がこれまで言われてきた売買春と異なる最大の点は、個人の自己決定によって、援助交際がされていることにある。筆者がインタビューしたなかで最年長の援助交際女性であるスミレは、援助交際女性が「昔の吉原の売春婦みたい」と前置きしたうえで、その違いを「管理されているかされてないか」であると指摘し、援助交際は相手を「自由に選ぶ」ことができると語っている（◎51）。このように、援助交際と管理売春を区分するのは、管理者という第三者の有無と、自己決定の存在である。

第二点目は選択の問題である。「ウリ」ありの援助交際が管理された売買春と異なる点は、どちらがその行為の選択肢を多くもつかということにある。つまり従来の売買春が買い手が売り手を選ぶという関係性から、売り手が買い手を選ぶという関係性への逆転がある。これは従来の管理売春において、「社会学的、法学的定義にしたがえば、娼婦とは、金銭の支払を対価として、無選択に性的関係を提供するもの」[6]と考えられ、売春女性は金銭を支払えば、どんな相手との性交も拒めないとする定説に反している。このことを次のユキの発言と照らしあわせてみよう。

◎21……………

ユキ：（省略）援助の子って、言うたら、相手（を）選べるでしょう、（風俗やっている）私ら、相手（を）選べへんでしょう？
筆者：そうやね、それが違う点やね。
ユキ：何が違うってそれなんですよ、援助の子は相手（を）みて、カッコよければいいんじゃないってい
う感じありますよね。

同様のことをウエダと名のる四六歳の男性は、自身のテレクラにおける援助交際の経験から次のように述べている。

◎63……………

筆者：（援助交際は）売春と同義ですか？
ウエダ：違いますね。
筆者：何が違いますか？
ウエダ：あのね、売春っていうのは相手を選べないっていうのがありますよね。援助（交際）はある程度、

女性の方が選ぶ権利が……

筆者：女性の方が、ですか？

ウエダ：ありますよね。男ももちろん選べますけどね。その女性が選ぶっていう度合いが高いんですよね。

では、実際に援助交際女性は何を基準に相手の男性を選んでいるかというと、もちろん金銭の額や行為内容を第一条件として考えているが、生理的に嫌悪をいだかないだけの外見と、ごく普通の日常的なコミュニケーションがとれることがその条件となっている。

◎2………………

キミコ：外見的なものもあるけど、見た感じとか、しゃべってて、なんか抵抗感のある人ってあるじゃないですか、なんか、まぁ、言ってみたら、しゃべってて打ち解けられないって、変やけど、なじめない感じの雰囲気の人とか、お金もらうからって無理にHするのは。

コミュニケーションについては、電話で話をした段階である程度知ることができるが、相手の外見については会ってみないことにはわからない。したがって、待ち合わせて会った段階で、女性側が援助交際をすることを断るケースも存在する。もちろん、このことは男性にも当てはまる。援助交際において、売る側の女性に選択権があることは、相手の男性を客とみなさないことによってでも理解できる。

◎66……………………

筆者：そういう（自分の心のなかを吐露できる）相手のいない男の人はキャバクラ(6)とかクラブに行くんとちゃう？

エリ：その人（援助交際相手の中年男性）はそんな所には行かない。そんなんって、それめちゃめちゃほんまに、義務やん。めちゃめちゃわかっているじゃん、「客」ってみられているのが。それだったら、同じようなお金を払うんだったら、ちょっとぐらい高くても、本当に一室のなかに何人もおる人たちとじゃなくて、（援助交際のように）一対一で自由な好きな所に、気分によって行けるような相手がいいやん。

この違いは、女性側が相手である男性をどうみなすかに関わってくる。女性を商品として提示する風俗や水商売では男性は「客」に位置づけられる。しかし、援助交際では女性側が相手の男性を客と呼ぶケースは耳にしたことがない(7)。第三章で詳述するエリの援助交際相手は、エリに性交ではなくコミュニケーションを求めている。この男性にとって、援助交際は、客としてあつかわれ義務として対応されるキャバクラやクラブとは違って、「一対一で自由な好きな所に、気分によって行けるような相手」と出会える場なのである。客としてあつかわれ義務として対応されるのは、ソープランドやファッションヘルス(8)でも同様である。このように、男性にとっても援助交際をする理由として、コミュニケーションの占める割合が大きいと考えられる。

三点目として、コミュニケーションの問題をとりあげることができる。私が面接取材した女性の約七割が援助交際を、短時間に大金を稼ぐことができるという単なる経済行為と受けとらず、性的快楽の獲得や心理的安定、社会的な諸関係からの離脱といった実存的な意味をもたせている点である。つまり援助交際が「ウリ」そのものを意味しておらず、〈援助交際〉という言葉のもつ交際の部分に重点をおいている点である。風俗と援助交際の両方を経験しているミヤのように、援助交際と風俗の違いを、金銭と交際の問題、つまり経済行為とコミュニケーションの違いとして述べるケースもある。

◎71……………

筆者：援助交際と風俗の違いは何なの？
ミヤ：私、あんまり境目ないですね。でも、今はたまたまそうやけど、うーんでも、前の時はアレですね、援助交際はお金より交際の方に重点があるんですけど、風俗は快楽の道具やから、あんまり人間としてあつかってもらえないという気がします。店にもよりますけどね。その時間、三〇分やったら、三〇分、その人をお金で買っているという感じです。援助交際はあんまりそこまで思わないけど。

ユキ、ウエダ、キミコ、ミヤのインタビュー事例にみることができるように、従来の売買春における買い手の男性が売り手の女性を選ぶという関係性から、援助交際においては、売り手の女性が買い手の男性を選ぶという関係性への逆転がある。自己決定による売買春とコミュニケーション的な側面の重視が〈援助交際〉が、従来の管理売春とは異なる点である。

以上言えることは、事実レベルにおいて、援助交際が性交を必要条件とはしていないということである。大阪府警の「援助交際は売春です」というメッセージを刷りこんだポスターは、事態の半分ほどしか把握していない。このような現状を考慮に入れると、〈援助交際＝売春〉や〈援助交際＝女子高生〉という図式は簡単には成り立たないことがわかる。

管理売春では、女性が借金を理由に強制されるケースも存在したが、現在では強制による売春の数は以前より減っていると考えられる。[7] 現代日本社会で自由意志による援助交際が誕生した背景には、テレクラや伝言ダイヤルなどの電話風俗の誕生と、携帯電話の普及というテクニカルな側面がある。これによって、誰もが比較的、簡単かつ安全に援助交際という形式で売買春に参加できるようになった。

3 愛情と金銭

次に、援助交際をする男女の間に感情的な結びつきがあった場合のことを考えてみよう。ひと口に、感情的な結びつきといっても、恋愛という感情的な結びつきもあれば、嫌いではないといった程度の消極的な好意も、感情的な結びつきのうちに含まれる。援助交際においては一度だけ会って別れるという形式が主流であるが、なかには女性側からパパや愛人と通称される長期継続化した援助交際の形式が存在する。月に三〇万を銀行に振りこむことで、月四回、性交を目的としたデートをする契約を男女間でとりかわしたケースをみてみよう。

◎2…………………

筆者：その人（月三〇万円の愛人契約を三カ月続けている男性）に対しては、愛情とかって、ないの？

キミコ：えっとね、嫌いじゃないいし、もちろん好きでもないけど、可もなく不可もなくって言ったら、変ですけど。

キミコのように、援助交際をしている女性のなかには特定の男性と長期間の援助交際を約束して交際する女性は少なくない。長期の援助交際契約をとり結ぶ方が、テレクラや伝言ダイヤルといった電話風俗を利用して、援助交際相手を捜すことにかかる時間や労力の負担、それにともなう危険を大幅に軽減できるからである。もちろん、相手の男性は金銭的余裕をもつ者にかぎられる。月三〇万は高額としても、筆者が耳にしたかぎりでは、月契約なら一〇万以上の金銭を女性に支払わなければならない。したがって、愛人契約を結ぶことのできる男性の社会的肩書きは、社長や自営業者、役職者などとなる。キミコの話にうかがえるように、相手の男性には感情的な結びつきはなく、生理的に「嫌いじゃない」程度の関係である。次にみるミヤの話も同様のことがうかがえる。

◎71…………………

筆者：（愛人契約というかたちで、一年ぐらいの間、月に何回か会っている男性に対して）愛はないの？

ミヤ：うーん、難しいな。

筆者：「好き」っていう感情は？

ミヤ：めっちゃ世界で一番好きっていうのはないですけど、それなりにでも、嫌いではできないんじゃないかな。普通ですよ。

援助交際の長期契約には、女性側は感情的中立を意識して男性に接しているように、筆者の目には映る。もし女性が長期契約の相手である男性に強い感情的結びつきを感じるようになってしまえば、それはもはや援助交際ではない。この場合の男女関係は、男女間に経済的な格差が存在しているために金銭という補償を受けとっている通常の恋愛関係や不倫、本当の意味での愛人関係になってしまう。このことをよく示しているのがイズミの事例である。以前、クラブのホステスであったイズミは、客であった金融関係の社長の誘いに応じて、その男性の愛人となって三年になる。男性には妻子があり、週末には家族と過ごすために、イズミとは会うことがないという。マンション代とは別に月三〇万の生活費を受けとっている。ほかに収入を得るための経済活動はしていない。彼女は愛人関係にある男性を「彼」と呼んでいる。

◎64……………

筆者：（愛人の男性のことを）「彼」と呼んでいるから、愛しているの？

イズミ：はい、愛していると思います。

筆者：彼の方は自分のことをどう思っている？
イズミ：うーん、まぁ、少なからず、私が最近、自分に言い聞かせているのは、金融屋（愛人の男性の職業）がお金をくれるのは、よっぽどじゃないとあげられないと思うんですよ。だから、まぁ、お金をくれるかぎりは、それは愛しているかはわからないけれども、心のなかになんら（か）のものはあると、自分では思っています。
筆者：その人を呼ぶときは、何と呼んでいるの？
イズミ：呼ぶ時ですか？　下の名を「さん」づけで呼んでいます。

イズミのように相手の男性を「愛している」と断言し、ファーストネームに「さん」をつけて呼ぶ援助交際女性を筆者は知らない。また長期契約を結んでいる援助交際女性が相手の男性を「彼」と呼ぶことはない。したがって、援助交際の取材で知りあい、インタビューをしたとはいえ、イズミを援助交際女性に位置づけることはしなかった。イズミの場合、本当の意味での愛人関係にある。彼女は他の男性と恋愛関係をもっていないし、ましてや性的関係にもない。ファッション雑誌の広告を見て、たまたま伝言ダイヤルに電話した際に筆者と知りあっただけである。援助交際の長期契約と愛人関係は明らかに異なる、似て非なるものであることがイズミの事例から理解できる。

3　援助交際の定義

もう一度、援助交際と管理売春との差異を明確にしておこう。その差異とは、①匿名性の保持、②第三者の不在、③男性側よりも女性側により多くの選択肢を与えられていることによる女性の優位性の三点である。したがって「女性が売春に入るのは男がさまざまな手段を使って強制するからだ」という立場から「その手段は、仕事を世話するとだましたり、結婚、愛やヒモにたいする忠誠心という〈見えない隷属状態〉から、誘拐や拘禁にいたるまでさまざまである」[8]と主張するこれまでの売春研究が依拠してきた立場をまったくとっていないということである。

先に援助交際と風俗の違いについて、ミヤはファッションヘルス、出張ヘルス、ソープランドの経験から、風俗で働くことに比べて「援助交際はお金より交際の方に重点」があり、「風俗は（男性の）快楽の道具」であると述べている。このように、援助交際においては、交際、つまりコミュニケーションに重点がおかれている。また男性においても、先のウエダのように「風俗とか買春で行く場合はそれだけですよね。セックスだけですよね」と話し、援助交際には「プラスアルファ」が存在し、それは「ハート」だと語る。このハートとは「また次会おうとか、また続かそうという気持ちになるか」や「嫌われるんちゃうかな」という「感じ」だと言う（◎63）。この点は三章で論じるように、買春する男性もまた、援助交際のなかで擬似恋愛や擬似家族的な関係を演出することによって、援助交際をコミュニケーションとして消費していることにつながってくる。

風俗産業は、客にあらかじめ決められたマニュアルにしたがって、性的サービスを提供している。しかし、援助交際においては金品と引き換えに、提供される性的サービスの内容は、もちろんサービスの質は異なるかもしれないが、風俗産業と同じである。援助交際が風俗産業と異なるのは、相手を選ぶ際の選択性が高く、援助交際そのものの内容や交渉過程にも高い自由度が保たれており、その性的サービスだけでなく、性的サービスの提供にいたる過程もまた、コミュニケーションとして売買される点にある。

ここで〈援助交際〉という言葉を整理し、定義を与えておきたい。まず援助交際とは、管理売春とは異なる。相違点は管理する第三者の有無であり、援助交際にはこの第三者が介在しない。援助交際において女性は、相手を選択しており、また援助交際を性的行為だけでなく、コミュニケーションとしてとらえている。そして援助交際に携わる男女は、強い感情的結びつき（愛情）がないうえで、互いのプライバシーに干渉しないことを暗黙の了解としている。つまり互いの関係性はその場かぎりのものであり、自らのもつ社会関係にはなんら影響を与えることはない。これら、第三者の不在と愛情の欠如、コミュニケーション的側面の存在、匿名性の保持を前提に、即物的な金品と身体との経済的取引とは異なる意味をもたせるために「援助交際とは、管理や強制なしに、ある人が金品を代償に、他者の性的な部分を売買することを前提として成立するコミュニケーションである」と定義する。ここで念頭におかれているのは、もちろん男性が買う側になって、女性は自分の性的な何か、たとえば、喫茶店でおしゃべりする、カラオケをする、身体の一部を相手の自由にさせる、あるいは性交をするなどの行為内容を含む援助交際である。しかし現実には、男性が女性を買うというケースに比べると著しく数は少ないが、女性が男性を買うという逆援助交際(9)や同性間の援助交際的行為も存在する。このため定義は「男性が金品を代償に、女性の性的な部分を」とか「ある人が金品を代償に、異性の性的な部分を」とは記述せずに「ある人が金品を代償に、他者の性的な部分を」とした。

次章では、この定義をふまえて、筆者がインタビューをした女性五八人に対する調査結果の分析から、援助交際をする女性を整理・分類し、考察をおこなう。

第二章　援助交際の女たち

1　類型論のねらい

本章の主題は、援助交際というコミュニケーションに参入してくる女性に関する類型化の問題である。前章では、援助交際の定義を与え、行為内容を述べた。しかし、援助交際女性たちはみな一様に、同じ動機や目的、コミュニケーション形式をもっているのではない。本章で提示される諸類型によって示されるタイプごとに、女性たちが援助交際に求めるものも異なっている。本章では、援助交際というコミュニケーションへの、援助交際をする女性に関する動機―帰結に関する分析をする。フィールドワークから得られたデータをもとに〈純粋類型[1]〉を構成し、そしてその類型と他の分類とを比較する。

類型を展開するにあたって、まず最初に断っておかねばならないことであり、かつ重要なことは、本章で考察する類型はあくまで類型であって、この類型概念によってすべての援助交際女性が明瞭に分類できるわけではないことである。たとえば取材に応じてくれた援助交際女性のなかには一つの類型に当てはまるだけでなく、二つあるいは三つにも類別できる要素をもっているというケースが存在する。このようなケースにおいては、主要であると考えられた一つの類型に類別するという作業をした。フィールドワークにおけるインタビュー調査ではこのようなケースがしばしば登場する。しかしながら、これとは逆に、ある類型について典型的といえるケースも存在する。つまり、抽出したある類型を記述・説明するには最適であるというケースである。したがって、ここでは援助交際女性の類型論について、このケースはこの類型を説明するには最適であると、筆者が判断したケースについて詳細に検討したい。

以下では、フィールドワークから得られたインタビューをもとに、地域差の問題をとりあげ、次に援助交際女性の類型を構成・分析し、最後にこれまでの売買春調査報告や援助交際研究、不倫の類型との比較研究をする。この操作を経て〈援助交際〉という現代日本社会で誕生した新しい性に関するコミュニケーションのもつ独自性を浮かびあがらせたい。

2 援助交際における地域性

援助交際女性の類型論を展開する前に、地域差の問題についてふれておきたい。面接インタビューをした四七人の援助交際女性にかぎって言えば、関西圏で二九人、関東圏で一五人に取材をしている。援助交際において関西と関東で、なんらかの違いがあるかという点について、誤解を恐れずに言えば、一〇代、二〇代前半までの援助交際女性について次のことが言える。それは、関西がヤンキー文化、関東がコギャル文化に位置づけられることである。(2)

ヤンキー(3)とコギャルはともに、家庭や学校の外につくり出された若年層共同体の文化であるが、その性質はまったく異なるものである。このことを次のインタビューにみてみよう。ミズキは、横浜市内で育ち、高校時代はスケバンをはり、覚醒剤中毒になった立派な不良だった。高校卒業後、風俗業界に入り関東で非本番系の風俗店を転々とし、現在、大阪市に移り住んでいる。大阪に来てから、援助交際を始めたという。インタビューは、彼女が高校時代にした〈援交狩り(4)〉について尋ねたものである。彼女が直接関わった援交狩りは、二、三〇人を数えると言う。

◎69……………………

筆者：援交狩りはどうやっているの？　どう人を見つけるの？

ミズキ：「めっちゃ、アホらしいんやんか」って、話してたんや、最初に。むっちゃ、腹立つねん。道理に反しているやん。こんなんって。その時（ヤンキー集団の女番長だった高校生時代）は汚らわしいもんやってんか。（以下略）

筆者：どうやって人を見つけるの？

ミズキ：私がテレクラとかに電話するねん。女の子にな。その時は「下の連中」とか言ってたけど、下の連中に電話させて、待ち合わせさせるねやんか。

筆者：相手は男？　女？

ミズキ：それは、女には男、男には女。

筆者：テレクラを使ってやるの？

ミズキ：テレクラ、伝言。ほんで、そのオヤジとかは、ちょっと行きたい所があるんだとかって言って、連れてきてもらって、ほんでお金とって、めんどくさい時はそのままカネとって逃げたことあるけど。みんな、そやけど、車とかバンに連れこんで、「何しとん、オッさん」って、「お前、道理に反しているやんけ」って言って、「買うなや、自分、行くんやったら、風俗とか行っとけや」とか言いながら、「汚いねん、自分ら」って、そんな感じで、ほんで、男連中とかはストレスたまっているから、ボコボコ（に殴っていた）。（中略）女の子の場合には、男の子が「どこそこ行こうか」って、リードして連れて行って、気がついたらホテルに「こんなに人数がいるけどどないしたん？」って、女からしたら、怖がるやろう。「自分な、そんなにやりたいんやったら、こいつら相手にしいや」って、ひと言言って終わり。車とかバンに連れこんで、目の前でさせたこともあるし。

筆者：セックスを？

ミズキ：うん。ひどかったんじゃない、かなり。だから、はっきり言って犯罪やな。

ここで重要なのが「道理」という言葉である。ミズキたちは「道理」や自分なりの正義を名目に、援交狩りをしている。

ヤンキーの特徴はミズキの「道理」に代表される、他の世代の人々にも理解できる価値や言葉をもっていることである。したがって、筆者とのインタビューにおいても、警戒心を解けば、会話がスムーズに弾み、最終的に打ち解けることが多かった。つまり、相手の考えや価値観が自分と合うならば、心を開き、共感をともなったコミュニケーションが可能である。これに対して、コギャルは同世代の、しかも同じ価値観をもっているタイプだけに、コミュニケーションをする。コギャルは内の世界を見せないように振る舞い、コミュニケーションの壁を意図的にもち続けようとする。「仲間以外は、みな風景」なのである。取材の感触で、ヤンキーの「心を開く」に対して、コギャルは「つかみきれない」という印象だった。つまり、あえて言えば、ヤンキーは世代間を超えたコミュニケーションが可能であり、コギャルはコミュニケーションが不可能である。その理由は、ヤンキーが反社会的ではあるが、社会的な共通項、たとえば「道理」をもつのに対し、コギャルは社会的なものから脱却し、独自の価値観や言葉をつくり出している。つまりヤンキーは社会全体をもその視野のなかに納めているのに対し、コギャルの視野のなかには自分たちの同世代のうちでも、同じスタイルや価値観をもつ者しか入っていないからである。同じ一〇代の援助交際女性といっても、ヤンキー系かコギャル系かによって、取材後の印象はまったく異なっていた。ヤンキーもコギャルも関東圏・関西圏の双方に存在するが、取材の感触から言えば、関西圏はヤンキー文化、関東圏はコギャル文化と大まかに言うことができる。

3　援助交際女性の諸類型

本章で提示する類型とは次の三つである。順に列挙すると、効率追求型〈バイト系〉、欲望肯定型〈快楽系〉、内面希求型〈欠落系〉の三つである。筆者の収集したインタビュー事例において、〈バイト系〉：〈快楽系〉：〈欠落系〉＝三：一：六という比率になる。さらに〈欠落系〉には〈ＡＣ系〉と〈魅力確認系〉の二つのサブカテゴリーが存在する。以下、詳述しよう。

1 「お金」という語彙

援助交際する女性たちは、一時間や二時間といった短時間で万単位のお金を手に入れることができる援助交際の優れた経済的効率性をよく語る。性交をする「ウリ」で手に入れることのできる金額の相場は、時給七、八百円のバイトを二〇時間から五〇時間して稼ぐことができる額に相当する。この事実は、他の仕事やアルバイトという経済的行為と比較して、援助交際のもつ優れた経済性を表している。「割のいいバイト」や「(援助交際は)おいしすぎる」という言葉を筆者自身がたびたび耳にしたことから、これを裏づけることができる。東京の池袋で取材をしたリカは、時給八二〇円のアルバイトで月五、六万円を稼いでいると言う。

◎60…………………

筆者：そのバイトと比べて、援助交際(一回)の二万円っておいしいの？

リカ：おいしいでしょう。だって、バイトは四回ぐらいやって一万だけど、援助なんてさぁ、下手したら一時間で二万とか三万もらえるわけじゃん。そんなんね、味しめたら、たまったもんじゃないね。

しかしながら、この経済的な効率性だけが援助交際の目的であるかといえば、実はそうではない。一般に援助交際は金品のみが目的であるとマス・メディアにおいて語られ、大学教員までもが援助交際を

「今の社会そのままの拝金主義」[1]として論じている。この種の言説と援助交際のとらえ方は事実に反しているし、安易すぎて現実の援助交際という社会問題そのもののかかえる問題性をおおい隠してしまう。たしかに筆者が直接聞いた範囲でも、「お金」のみが援助交際の目的であると言うのは、ほぼすべての女性が口に出す言葉である。本当に「お金」だけが目的であり、それ以外のものを援助交際に求めてはいないと語る人もいる。しかし当事者たちがどう意図しようと、ある社会的な行為というものは当事者の意図に反して、なんらかの帰結、意図せざる結果をもたらす。つまり話を聞いていくうちに「お金」という目的よりも一次的・二次的にせよ、別の動機がその話から推測できる場合や、当初、意図しなかった帰結がともなったのだと考えざるを得ないことがしばしば存在する。

本章では、援助交際の動機や目的に用いられる「お金」という言葉を、援助交際の相手を納得させ、調査者である筆者を納得させ、自分自身をも納得させるというカテゴリー化された言葉として論じる。援助交際をしている女性はしばしば「なぜ援助交際をしているのか」と相手の男性に尋ねられると言う。そのとき「お金」と答えておけば自分の内面に踏みこまれずにすむと話してくれた。「お金」という言葉は、行為にいだく期待と選択した行為との間にギャップが生じたときに、こう言えば他人は納得し安心するだろうという「動機の語彙[5]」に他ならない。

もちろん援助交際している女性たちにとって「お金」は必要である。ただし援助交際で得ることのできる「お金」は、筆者からみれば、援助交際という行為を自己で正当化し、援助交際のような反社会的な行為をしている自分を〈割りきる〉ための動機の語彙として彼女たちに作用している。インタビュー当時一八才の大学生であったマキは次のように話してくれた。

◎4……………

筆者：援助（交際）と恋愛関係はどう違うの？

マキ：お金をもらっているということは、お金を払う側ももらう側もそこには愛がないから、お金で精算している。お金がなければ終わり。

匿名性の獲得と「お金」という自分の行為を割りきらせる口実をとおして、既存の社会関係からの離脱が可能になる。そのことで、彼女たちは自己の実存的な意義を援助交際というコミュニケーションのなかで獲得するのである。このことを次にみてみよう。

取材当時、三四歳のＯＬであったトシミは、援助交際の動機を次のように話してくれた。

◎16……………

筆者：（援助交際するために使用する）伝言（ダイヤル）に何を求めているんですか？

トシミ：あのね、マニュアル通りの、模範生的なこと、模範的な答えは、男が一番納得する答えは、まぁ、Hがしたいなぁとか思ったから。だけど、Hをするだけだったら、いろんな人から返事が来るからね、援助交際って言ったら、お小遣いももらえるし、体の快楽も得られるからおいしいでしょう、とか言って、同じ会うんだったらおいしい方がいいから、援助交際がいい。そういう理由をつけるの。そし

たら（男性は）一〇〇％納得するの。

　トシミは、この後に本当の動機を語ってくれたが、「エッチができて、そのうえお金をもらえる」というのは、援助交際をしている理由を尋ねる男性への答えとして彼女が用意しているものである。このトシミの発言は男性たち一般に対して、援助交際女性によって用意された答えであると理解してよい。つまり、援助交際女性は男性たちがいだいている「セックスが好きでやりたいだけなのに、そのうえ、お金までもらっている」というイメージを先取りしていると考えられる。このイメージには「女は（一般に）淫乱でどん欲だ」とか「結局、女は男にやられてうれしいんだ」と思うことによって、男性側の性的な志向につきまとう心理的負担を軽くする。性交をするために、男性は女性に通常、二、三万円の金銭を支払う。男性の女性に金銭を払ってでもやりたい、そうでないといられないという情けない自分の心理的負荷を軽減するために「セックスが好きでやりたいだけなのに、そのうえ、お金をもらっている」貪欲で淫らな女性というイメージは有効である。買う側の男性側は売る側の女性をそのように位置づけることによって、売る側の女性よりも優位に立てたかのように思えるからである。

2　バイト系

筆者：一H（一回の性交）二万円っていうのは（金額的に）大きい？
ユイ：うーん、どうだろうね。少ないかもしれない。やっぱ、もっと欲しいなっていう。
筆者：（もっとお金が欲しいのなら）ソープで働いたりとか（とかは考えない）？
ユイ：絶対イヤだ。
筆者：いい所だと、（一回の性交で）手取り三万円。
ユイ：でも、なんかね、援助交際とソープは別。
筆者：何が違うの？
ユイ：やることは一緒だけど。なんつうのかな、そこまでして働きたくない。自分がカネない時だけ、できればいいやという感じだから。そういう仕事には就きたくないし。

効率追求型である〈バイト系〉とは、一九歳のユイのインタビューにあるように「自分がカネない時だけ、できればいいやという感じ」で援助交際をし、短時間高収入型のアルバイト、あるいはビジネスとしてのみとらえる援助交際女性をさす類型のことである。女性が援助交際に対して金銭以外の何物も得ることがないと、主観的に、判断しているケースである。そこにおいて、仕事という意識も、金銭以外の快楽や感情的なものも得ることはない。それは〈バイト系〉の女性が援助交際について金銭以外の価値を見いだしていないからである。

◎32……………

筆者：援助交際やっている時って、楽しい？

ユカリ：お金をもらう時だけ楽しい。

一五歳の高校生のユカリの場合、援助交際はバイトとして完全に割りきっていると断言している。ここで言う〈バイト系〉に属する女性は、五八人の取材中の一九人、およそ三分の一にあたる。〈バイト系〉の女性は性的な諸行為に対して消極的か、無関心である。なかには「マグロ（魚市場で競りを待つマグロのように寝転がっている状態）」であると話す女性も多い。援助交際女性が相手の男性から聞いた話でも、このタイプの女性は多いようである。キミコの話を引用しよう。

◎2……………

キミコ：私は「HHを楽しみたい」と言ったけど、実際お金だけって割りきっている女の子だったら、ベッドの上でもぜんぜん動けへん子とかも、もちろんいてるとか（キミコが出合った援助交際男性が）言ってた。

〈バイト系〉女性が性的行為に消極的なのは、援助交際男性との性交に対して快感を覚えないからなのではなく、好きという感情に結びつけられた特定の相手との性交と、援助交際男性との性交とを線引きする必要があるからだと考えられる。愛と性交の一致を理想とすることを学習してきた女性にとっては、金銭と結びついた性交において積極的に振る舞うことは、彼女たちの性的アイデンティティに混乱をもたらすと考えられるからである。

また、この類型の抽出にあたっては慎重を期さねばならない。インタビュー当初は援助交際の動機についてまず「お金」という答えが返ってくるが、進むにつれて、別の動機が登場してくることがしばしば見受けられるからだ。この類型の問題点は「援助交際の目的はお金である」という動機づけに対して、帰結として援助交際女性が得るモノはただ単に金銭だけではないという点である。いくらアルバイトとして援助交際における性的な交渉を割りきったところで、たとえば相手の男性のプロフィールや相手の男性が売る側の女性である自分をどうみていたかといった情報は残ってしまう。そのことによって、彼女たちの性に対する考え方や男性観、社会観は確実に変化する。

さらに「(お金で身体を売ることが)割りきれる」と言い切ったところで、そのことを彼女たちが隠したがること自体、「お金では割りきれている」が「性的には割りきれていない」側面を残している。というのも、援助交際において、コミュニケーションの主導権を握りより多くの選択権をもつのは、男性側より女性側であると前章で強調したが、援助交際をする女性は相手の男性をある程度の許容範囲内で選別している。もちろん相手を選択できることは男性側にも当てはまるが、あまりにも危なそうだったり、生理的に合わないと判断された場合は、断っているのである。もし純粋に〈バイト系〉という類型が存在しているならば、女性は金銭さえ払ってくれるならば、どんな男性とでも援助交際するはずである。しかし現実には、そのような援助交際女性は筆者の取材においては一人として存在しなかった。つまりこの類型は、理念的にしか存在しない。

3 〈快楽系〉

欲望肯定型として〈快楽系〉と名づけた類型は、援助交際において自己の性的な部分を売買することに対して、物質的・肉体的・精神的に喜びを感じる女性のタイプを表現する。端的に言えば、援助交際を「Hもできて、お金ももらえてラッキー」と考える。週刊誌やテレビ報道にみられる援助交際女性のイメージは、このタイプにそっている。これに〈女子高生〉という属性をくわえれば、世間に流布する一般的な援助交際女性のイメージとなる。このタイプは、取材においては五八人中五人、約一割いる。

援助交際において買う男性側のイメージにもかかわらず、現実には、ここで〈快楽系〉と名づけた女性は意外と数少ない。二五歳の専業主婦であるマイは中学・高校の六年間、第三者の紹介というかたちで援助交際にちかい売春をしてきた。

◎43……………

筆者：援助交際のHは気持ちいい？
マイ：うん、私は根っからのスケベやから。
筆者：お金がもらえて、Hできて最高っていう感じ？
マイ：もう、趣味と実益を兼ねたなんて楽しい仕事やと、私は思っていたけど。

マイのようなケースは、次の〈欠落系〉にみるような内面における不安定さの兆候を見いだせない。また前にみた〈バイト系〉とも違って、〈快楽系〉は援助交際を金銭と性的快楽の両方を得るものとみなしている。

また取材時に高校を中退し、家出状態であった一八歳のマユミも、この類型に当てはまると思われる。

◎33……………

筆者：援助交際すること自体は好き？
マユミ：好き。
筆者：楽しい？
マユミ：楽しいですね。
筆者：何が楽しんやろう？
マユミ：やっぱHできること。

今までの援助交際男性の数が「へたすりゃ、千人」に達しているかもしれないと笑いながら話すマユミは、ここで「H」と呼ばれている性交には積極的である。

◎2………………

キミコ：普通にホテル行く前に話が弾んだりとかしたら、言ったら恋愛ごっこじゃないけど、Hを楽しむっていうかたちにはできるじゃないですか。で、プラスお小遣いをもらえるっていう感じでしているから、そうですね、そんな嫌な思いはしたことないし。

前出のキミコの場合、性交での快楽と金銭との両方の獲得の他、男性との恋人気分でコミュニケーションを楽しむという事例である。

4　欠落系

内面希求型である〈欠落系〉とは、簡潔に述べるなら、援助交際をする女性がその帰結として、彼女自身の内面に大きく作用する何かを得る類型である。援助交際をした結果、金品や性的快楽よりも彼女自身の内面への影響、あるいは内面に大きく作用するものがあったケースである。次のマリコのように語るタイプがこの類型に該当する。〈バイト系〉とは対照的である。

◎70……………………

マリコ：お金をもらえてうれしい反面、やっぱりその時だけでも自分のことを思ってくれる気持ちの方がうれしいんですよ。（省略）

筆者：自分は、（お金だけが目的で援助交際している）そういう人とは何が違う？

マリコ：何が違うんだろう。まぁ、お金がもらえることはうれしくないと言ったら、嘘になるけど、（実際に）うれしいけど、金額はいくらでもいいから。

ここで言う内面への影響とは、関係論的自己と性的アイデンティティへの影響の二つをさしている。このタイプは、インタビューをした援助交際女性五八人のうち三四人、六割ほど存在している。

次に援助交際において、獲得可能な女性の関係論的自己における変化と性的アイデンティティの変化について、それぞれに対応するタイプを記述する。本章では、社会関係のなかで獲得される自己イメージである関係論的自己に対する希求が顕著なケースを〈ＡＣ（アダルト・チルドレン）系〉と名づけ、性的アイデンティティに対する希求が顕著なケースを〈魅力確認系〉と名づけておく。

ＡＣ系

〈ＡＣ〉とは、もともと合衆国におけるアルコール依存症の臨床現場から生まれた言葉で、アルコール依存症の問題をかかえた家族のなかで成長した大人（Adult Children of Alcoholics）を意味している。一般的には、アルコールにかぎらずギャンブルや薬物などの依存者をもつ、機能不全家族のもとで育ち、成人した人（Adult Children of Dysfunctional Family）をさし、幼少期のトラウマ（心的外傷）や機能不全家族のもとでの成長が原因となって、成人後にさまざまなトラウマの後遺症（ＰＴＳＤ：心的外傷後ストレス性障害）で悩み、生きづらさを訴える者のことである。[2]

〈ＡＣ系〉の女性は家族関係や対人関係における心の傷であるトラウマをかかえている。このサブカテゴリーには二〇人の女性が該当し、全体のおよそ三分の一にあたる。取材した事例では、家族関係においては義理の父親によるレイプ、両親の離婚、実の父や母による身体的暴力、また対人関係においては集団レイプや、イジメ、浮気や三角関係による恋人の裏切り、対人関係の不得意といったものがあげられる。[(6)] しかしながら、彼女たちのかかえるトラウマと援助交際は一対一に、原因―結果として即結びつくと断言できるものではない。彼女らの内面を注意深く探っていくと、寂しさや孤独といった感情、他者から認められたい、愛されたい、必要とされたいという欲求がみえてくる。その背景には、幼少期から思春期、そして現在にいたるまでに彼女たちがかかえてきたトラウマが存在している。もちろんこの種のトラウマをかかえる女性が全員、援助交際に走るというわけではない。援助交際のきっかけには、街頭でティッシュをもらった時にたまたま暇だったのでテレクラに電話した、あるいは偶然に仲のいい友だちがしていた援助交際を自分もしたというように、かなり偶発的な要因が大きい。

　こうして援助交際を始めることで、なかには癒される女性もいる。二四歳のリエは、一九歳の時に集団レイプにあっており、そのことが原因で数年前に一時的に援助交際をしていたと言う。

◎35……………

筆者：援助交際をやった後は、後悔するの？

リエ：後悔っていうか、もうそれも通り越して、なんて言うんだろう、なんかキタナイ世界を見たな（っていう感じ）、私もけがれていく。

筆者：自分がけがれていくっていうのは、ある意味気持ちがいいの？

リエ：うーん、気持ちいいと言うより、なんかねぇ、なんて言うんだろう、傷を傷で癒す。

リエのケースでは、見知らぬ男性と金銭を媒介にした性交をすることが単に自らを傷つけているだけではない。ここでは「傷を傷で癒す」という言葉にみることができるように、援助交際において自らを傷つける性交をすることが、自らがかかえるトラウマを一時的にせよ、解消できるという逆説が生じている。

もう一つの事例をみてみよう。ミユキは、取材時に私立女子高校の三年生で国立大学の受験を控えているが、援助交際を中学二年生の時から続けている。ミユキもまた、中学一年生の時に集団レイプに遭っており、そのことが原因で援助交際を続けていると言う。

◎41……………

ミユキ：（学校では普通の女の子として振る舞っているが）ほんとは、私はけがれているのに、と思う。ずっと思ってたら、なんか……

筆者：そういう痛さが心地よいっていうところはある？　貶めることで自分を安定させるみたいな。

ミユキ：でも、だから、援助交際するたびに安心するんですよね。なんか、うん。これでなんか、そういうふうにしている自分がいて、なんかこういう私がいてという板挟みで、そこから、だから、援助交際している時は逃れられないんですよ。

互いに知らない者同士が金銭を媒介に性的行為をする援助交際における性交が「傷を傷で癒す」「援助交際するたびに安心する」という一種の逆説が生じる理由は、援助交際というコミュニケーションがもつ時空間の特性である、脱社会性にあると考えられる。というのも、脱社会的な時空間を特徴づける、匿名性や身体性が、トラウマをかかえた自己を社会的な存在であることから解放するのである。これは後の第七章の主題である。

魅力確認系

もう一方の性的アイデンティティについて言えば、援助交際が他者の性的な何かを売買するコミュニケーションであるために、直接的に援助交際は当事者である男女の性的アイデンティティに変化をおよぼさざるを得ない。たとえば、援助交際女性がそこでされる性交に対して、積極的ではなく、行為の最中に意識をまったくもたないか、あるいは意識を何か別のところに向けている状態、俗に言うマグロであるとしても、性交をしたという事実とその内容に関する情報は当人に残ってしまう。たとえ、自らはマグロ状態であっても、そのマグロ状態の自分との性交を、金銭を払ってまでしたがる男性が存在しているという情報は残り、性交の対象としては十分なものだという認識にいたる。ここで主張したいのは、たとえどんな援助交際であっても、援助交際をする男女両人にとっての性的アイデンティティに変化をおよぼさないような援助交際はありえないことである。このことをふまえたうえで、援助交際において積極的に性的アイデンティティの変化を求めるタイプの女性を〈魅力確認系〉と呼ぶ。

男性にとって性的な存在であること、つまり女としてあつかわれることを期待している。この類型には、五八人中一四人、全体の約四分の一が該当する。援助交際相手の男性から、直接的に体を求められるというコミュニケーションに身をおくことは、性的アイデンティティの肯定感を高める。とくに普段の日常生活において男性から性的にみられないことが多い女性は、援助交際において性的に求められることで自らの性的アイデンティティを確認できる。

◎71……………………

ミヤ：（前略）自分による分析だと、昔ぜんぜんもてない人だったんですよ。
筆者：誰が？
ミヤ：私が。今も、そんなにもてる人じゃないんですけど、なんかお金をもらうと、昔はそんなこと考えたことなかったんですけど、その金額によって自分の価値が上がったような気がする。
筆者：自分が五万円もらったら、五万円の価値があるんだとか。
ミヤ：そうそう。そういうふうに思っているんじゃないですか。そんなの、相手の人の金銭感覚によるんでしょうけど。

ミヤのように、女性としての性的アイデンティティを確認するために、援助交際をすることは、金銭を媒介して可能となる。援助交際においては、自らの性的価値に値段がつけられ、性交にいたる。これは〈魅力確認系〉の女性にとって、自らの性的身体を商品化することであり、この行為によって、性的アイデンティティを確認できるのである。

援助交際は、女性にとって自己の性的な価値を、金銭という目に見える、他のほとんどあらゆるモノに交換可能な究極の媒体に置換する。たとえば「自分がどこまで高く売れるか」と試すために援助交際を始めた二三歳の女性の事例をみてみよう。

◎11……………………

筆者：援助交際のきっかけは？

マキ：お金に困っているわけじゃない。自分の値打ちがいくらぐらいになるのかなぁ、と思って始めた。

〈魅力確認系〉とは、男性からの性的な魅力認知が低いために自己評価も低くなり、低い自己評価を補うために援助交際をするタイプである。自己評価の程度を知るために、インタビューでは、彼女たちに「今の自分が好きか、嫌いか?」という質問をしている。このタイプには「好き」と肯定的な答えを出す女性は少ない。容姿に恵まれなかったり、比較的年齢が高いために性的魅力を男性から肯定されることが少ない女性たちが多いと言える。しかしこのことも絶対というわけでなく、なかには外見的に魅力があると思われる女性もいる。このタイプの女性は、実のところ、家族関係に問題があって全体的に自己肯定感が得られないために、自己の性的評価も低くなっていると考えられる。したがってこの女性は〈ＡＣ系〉に分類される。

では、この〈魅力確認系〉の事例をインタビューにそってみてみよう。チエはインタビュー時に、二八歳の女性であった。彼女は幼少期に実の母親と死別し、その後、実父や後妻にはいった継母との家族関係がうまくいかなかったと言う。彼女もＡＣ的な側面をもっているが、ここでは〈魅力確認系〉としてとりあげている。

◎24……………

筆者：（伝言ダイヤルで男性と会って食事することで）何を満たしているんでしょうね？　何かの欲求に応えているんだろうと思うんですけど。

チエ：う〜ん、どうなんでしょうね。さっきも気にしてたんですけど、今日、化粧の仕方がまずかったかもしれないですけど、私も年より若く見られるんですよ。二五、六に見られることって、けっこうあって、だからそういう自分がうれしい、男の人に対してそうやって思われるのが。

チエは、彼女が語るところによると、性交経験がなく処女である。テレクラや伝言ダイヤルで男性と会っても性交はしない、現金はもらわないという援助交際を続けてきているチエは、こちらの問いかけに対して直接には解答を与えずに間接的に答えてくれた。自分の外見が若く見られることに、つまり自分が男性から「若い女性」として見られ、求められることが率直に「うれしい」のだと。チエの場合、女性としての性的アイデンティティは男性から若く見られることで確認されている。自らの女性としての価値に対する男性からの承認と再確認とを援助交際のなかで得ようとするのが、〈魅力確認系〉の援助交際女性である。

5　類型論の難しさ

ある女性が援助交際することは、彼女の社会的な適応能力を高める場合がある。たとえば、援助交際で出会った男性が日常の社会生活では知りあうことのできないような人物であり、その男性とのコミュニケーションをとおして、これまで彼女のもっていた社会観が変わるケースがある。医師や会社経営者、警察官、サラリーマンなど、さまざまな職業の男性が援助交際をしている。援助交際女性は、さまざまな男性とのコミュニケーションをとおして、自己のもっていた社会観を変化させるのである。たとえば、インタビュー時に一九歳の短大生で、〈バイト系〉に類別されるハルコは、援助交際で知り合った医師との関係をふまえて、次のような発言をしている。

◎36……………………

筆者：援助交際をやっていたのに、いい人にめぐり会えるとか、そういう意図はあった？

ハルコ：それはなかった。だけどなんかもっとなんて言うのかな、もっと自分の世界（が）広がるかなと

思った。うまくいけば、たとえばお医者さんのことだったらさぁ。

また二六歳のＯＬと名のるノリコは、援助交際のメリットについて次のように話してくれた。

◎38……………

筆者：援助交際をやってよかった点って、あります？　お金以外に。

ノリコ：うーん、何だろう。まぁ、（社会的に）接点のない人と会えたっていうことぐらいかな。

「もっと自分の世界（が）広がるかな」「接点のない人に会えた」という発言にみられるある種のコミュニケーション願望は、取材したどんな女性にも、程度の差はあれ、見受けられる。援助交際をつうじて、自己とは異なる、社会的な場所にいる男性とのコミュニケーションによって「こんな自分でも大丈夫なんだ」「社会ってこんなもの」と感じることで自己の社会に対する適応能力を高め、社会生活により適合的に自己を変化させることが可能になる。社会学的にみれば、援助交際の目的がどんなものであっても、意図せざる結果をともなって、援助交際の経験は当事者の意識を変容させていく。

また本章で提示した三つの類型である〈バイト系〉〈快楽系〉〈欠落系〉において、〈バイト系〉と〈快楽系〉に類別された女性たちについても、自らの離婚経験や、家族について両親の離婚や家庭内での孤独を語る女性も多い。〈バイト系〉や〈快楽系〉にもかなりの数の〈欠落系〉、とくに〈ＡＣ系〉の特徴をもった女性が多いのである。先に登場してもらったマユミやユカリにもこのことが当てはまる。マユミは中学校時代にイジメられ、また家に居づらい状況にあり、取材時には家出状態であったし、ユカリも両親の離婚を機に、孤児院に預けられ、そこで小学校から中学校にかけての何年間かを過ごしている。

4　類型の比較

1　売春女性との動機比較

五二年に労働省婦人少年局がした『売春婦並びにその相手方についての調査』[7]において、「転落（売春）の動機」として女性たちがあげた理由の第一位は、生活苦（一六一名中九一名、五七％）である。この数字は、二番目の理由である好奇心（八・〇％）や、三番目の虚栄心と甘言（ともに六・二％）を大きく引き離している。もちろん検挙された売春婦が当局者に自己正当化の意味合いをこめて不幸な物語を語っている可能性も考慮しなければならない。

このデータから読みとれるのは、売春動機について生活苦が半数を超え、他の動機を大きく離していることと、本章で提示した援助交際女性の動機―帰結に関する類型における〈バイト系〉が三割という数字との、時代背景の違いを思わせる差異の存在である。現代の援助交際において、生活苦のために援助交際をするという事情は筆者の耳にしたかぎりでは、ほとんどない。たとえば借金を返済するために援助交際をしていると話す女性もいたが、三人だけであった。なぜなら援助交際は借金返済の手段としては十分ではない。出勤すれば確実に、一定の収入の見込みがたつ風俗とは異なるのである。また〈バイト系〉に類別された女性たちはほとんどが「金がない」と口にする。しかし、その金銭は遊ぶことや流行のブランド品を買うといった自己の所属している集団に同一化するためや仲間内でのコミュニケーションのために使用されるのであって、けっして生活苦のためではない。このことは援助交際女性にかぎらず現代の風俗嬢と呼ばれる人たちにも該当すると推測できる。[3] 今回の類型で提示した〈欠落系〉が全体の六割ちかくを占めるという結果は、五二年から四〇年以上を経て、性を売ることは経済的な欠乏を充足することから、自己の欠落を充足することへとシフトしていった、という考察を導き出すかもしれない。

2　他の援助交際データとの比較

援助交際に数多くの社会学的分析を残している宮台の分析[4]によれば、援助交際をしている女性のうち〈「お金は必要」派〉と〈「お金は口実」派〉との比率は七：三であり、さらに〈「お金は必要」派〉のうちでも「お金が人生の全て」と割りきっている〈「純粋物欲」型〉とそれ以外との比率は一：九となる。

五八人の援助交際女性に対するインタビュー・データと照らしあわせてみると、本章で提示した三類型（〈バイト系〉：〈快楽系〉：〈欠落系〉＝三：一：六）は、〈バイト系〉を〈「お金は必要」派〉と仮定し、〈快楽系〉と〈欠落系〉を〈「お金は口実」派〉と仮定すると、その比率は三：七となる。宮台の分析とまったく逆の結果を得たことは問題である。この理由として、以下の三つのものが考えられる。

この逆転が生じたことの一番目の理由は、援助交際のインタビュー取材が、宮台は主に一〇代の女性、とくに都内の女子高校生にされているのに対し、筆者では、一八歳以上の女性が四八人と全体の八割以上いる点である。筆者の取材からも、年齢的に高校生（一八歳未満）に該当する女性には〈バイト系〉が多いと指摘できる。なぜ、そうなるかについては、女性が低年齢化するほど、性的価値は高まると考える日本人男性の性的指向と、3―2で示した愛と性交の一致の理想にあると類推される。この一致を称揚する漫画・テレビ・音楽・小説といったメディアの影響によって学習された性愛モデルが、性交を愛のともなうものと金銭のともなうものとに二分し、援助交際における金銭を媒介とした性交に対する否定的な態度を誘導しているためであると考えられる。

第二点目は取材地の問題である。二節で論じたように、誤解を恐れずに言えば、筆者の取材が主にヤンキー文化に属する関西圏でされたことに対して、宮台の取材がコギャル文化に属する関東圏、とくに東京都中心であったということに起因している。これは関東圏にも取材に出かけたうえでの、筆者の推測にすぎないが、メディアの影響もあってか、関東圏、とくに東京都においては、俗に言う〈女子中高生〉の援助交際女性の割合が多いように思われる。筆者が、東京へ取材に赴いたときに感じたことは、関東圏における〈コギャル文化〉の存在であった。東京都内の取材現場に、これぞコギャルといったファッションに身をつつんで登場した高校生のユカリは「女友だち百人のうち、半数は援助交際をしている」と、筆者に語ってくれた。このように援助交際の情報を多くの友人と共有する事態は、関西圏では考えられない。つまり関東圏のコギャル的文化のなかでは、援助交際をすることやそれについて語り、情報を交換することへの敷居は低いと考えられる。

また第三点目は取材方法についてである。筆者の取材方法が主にテレクラや伝言ダイヤルを介して取材相手を捜すという、いわば個別的にされているのに対して、ここでとりあげた宮台の取材は、テレビ番組制作のために、女子高校生を対象にされている。また筆者の取材が援助交際経験者のうち自発的に話そうとする意図をもった女性であることを考えれば、宮台の援助交際データと筆者のそれとの違いも理解できる。「話したい」とか「誰かに自分の話を聞いてもらいたい」という動機をもちやすいのは、三類型で考えるならば、〈欠落系〉に属する女性である。ただ〈欠落系〉の援助交際女性が筆者のフィールドワークにおいて多かったかどうかは、援助交際女性の全数調査が不可能であるために判断できない。しかしある程度、筆者の採用した取材方法が〈欠落系〉とここで類型化したカテゴリーの人々を誘引しやすい要素は指摘できるだろう。

以上の三点の理由から、宮台の〈「お金は必要」派〉と〈「お金は口実」派〉との比率が七：三という分析と、筆者の〈バイト系〉と〈快楽系〉・〈欠落系〉との比率三：七という逆転については、ある程度の説明は可能である。

3　援助交際と不倫の類型論比較

心理学者のＬ・リンキストは、男女が不倫に走る理由として次の五つをあげている。①孤独からの逃避、②新鮮な興奮と刺激への願望、③愛情と心のつながりへの願望、④魅力の再確認への願望、⑤個人的な反逆心である。[5] リンキストの分類は、同じように社会的に許容されることが少ない性的なコミュニケーションである援助交際にも適応できると考えられる。本章での類型は、効率追求型〈バイト系〉、欲望肯定型〈快楽系〉、内面希求型〈欠落系〉の三つである。〈欠落系〉には、さらに〈ＡＣ系〉と〈魅力確認系〉の二つのサブカテゴリーが存在している。リンキストのあげた男女が不倫に走る理由の五つの分類と比較してみよう。

まず、ことわっておかなければならないのは、なぜ不倫をとりあげるのかである。その理由は、不倫と援助交際は、いずれも現代において社会的に許容されない、むしろ反社会的な行為とされる、性を前提としたコミュニケーションであるためである。したがって、ここには不倫に関する類型と援助交際の類型との比較によって、援助交際という現象自体の特性がより明らかになるであろう。

では、不倫と援助交際の相違について考察してみよう。第一章で援助交際を「管理や強制なしに、ある人が金品を代償に、他者の性的な部分を売買することを前提として成立するコミュニケーションである」と定義したように、不倫という社会的行為を定義するならば「不倫とは、管理や強制なしに、すでに婚姻関係をもつ男女が特定の他者との二者間における了解を前提に、その性愛自体を目的として継続的に成立するコミュニケーションである」となる。二つの定義から、援助交際も不倫も、他者の性的な何かを希求することを前提としているコミュニケーションであることがわかる。違うのは金品と愛情の有無である。たとえば三〇代男性と継続的な援助交際をしてきたサクライと名のる二三歳のＯＬは、援助交際と不倫の違いについて次のように話してくれた。

◎23……………………

筆者：援助交際と不倫はぜんぜん違うって言ってたよね。どう違う？
サクライ：気持ちが入った時点で、不倫。
筆者：それって、「好き」という感情が入ったとき？
サクライ：うん。

この二つの類型の比較に移ってみよう。まず〈欠落系〉には、①孤独からの逃避、③愛情と心のつながりへの願望、④魅力の再確認への願望、⑤個人的な反逆心、に当てはまると考えられる。つまり〈欠落系〉のサブカテゴリーである〈ＡＣ系〉には、リンキストの①孤独からの逃避と③愛情と心のつながりへの願望が、〈魅力確認系〉には④魅力の再確認への願望が相当すると考えられる。〈ＡＣ系〉は、これまでの家族や学校といった社会集団の対人関係によって、トラウマをかかえることになり、そのため孤独や悲しみ、絶望からくる自己否定に陥っている人々である。それゆえに、愛情や他者からの肯定を求めている。⑤個人的な反逆心は、リンキストの場合、自分を裏切ったり大切にあつかってくれない夫や妻、恋人といった人たちに自己が傷つけられたことへの、いわば当てつけである。援助交際女性にもこの側面はありえるが、それ以外にも自傷という自分自身に対する反逆心もありえる。また〈魅力確認系〉は、リンキストのかかげた④魅力の再確認への願望そのもので、女性たちが自らの性的魅力を性愛によって確認するために不倫に走るように、援助交際でも同様なことが言えるだろう。もちろんこのことは、男性にも当てはまる。男性の場合、異性に外見的に魅力的に映るかという性的魅力にくわえ、性交が可能かという性的能力（男性器の勃起と射精）という二つを確認することになる。

〈快楽系〉については、リンキストの②新鮮な興奮と刺激への願望に該当する。援助交際においても不倫においても、性的刺激を動機とする側面はある程度、存在すると考えられる。援助交際が不倫と異なるのは、先にも述べたように不倫が愛情を媒介に形成されるのに対して、援助交際が金銭の介在によってなされるコミュニケーションであるという点につきる。〈快楽系〉の類型と不倫における新鮮な興奮と刺激への願望の分類は、行為自体の性的な快楽の獲得を目的としている点において、同じである。

最後に〈バイト系〉についてみておこう。この類型は不倫については、定義上、存在することはありえない。というのも、不倫が二者間の愛情を前提とするコミュニケーションであるからである。そこには金銭が介在する余地はない。愛情が存在しない状態で金銭が介在すると、性的な諸行為をともなうコミュニケーションは、不倫ではなく、定義上、援助交際に転じてしまう。それゆえ、〈バイト系〉に該当するものは不倫には存在しえない。ここから援助交際には、通常、愛情によって得られることが望ましいとされる性的なコミュニケーションを、金銭によって代替するコミュニケーションとしての側面が存在することを指摘できるだろう。

4 類型論の課題

本章では援助交際女性の諸類型を、彼女たちの動機と、その結果得られた帰結からの構成を試みた。またこれらの類型を用いることによって、性をめぐる反社会的行為者とされている売春女性、他の援助交際女性、不倫男女の諸動機に関する分類との比較分析をした。これらをつうじて、本章で提示した援助交際女性の類型のもつ特徴がより明確になった。とくに経済的要因に大きく偏っていた過去の売春分析とは大きく異なっている。現代日本社会における女性の援助交際は、生活苦という経済的な困窮や性欲が原因というよりも、〈欠落系〉にみられるように関係論的、性的自己の不全を充足するためにされるケースが多い。また不倫の類型との比較をとおして、援助交際における金銭と不倫における愛情という媒介項の対立が浮かびあがってきた。この対立は、古くから存在してきた「お金か愛か」というテーマをきわだたせている。

以上の議論をとおして、援助交際女性の類型から、性愛を前提とする、社会的行為やコミュニケーションに関する類型の一般化を試みる。性に関する社会的行為やコミュニケーションへの参入動機と帰結には、以下の三原則の存在が考察できる。まず一番目は〈生理的、あるいは身体的原則〉と呼べるもの。

これは性的欲求にもとづいた性交自体を目的とするものである。援助交際女性における類型では、性交を楽しむという点で〈快楽系〉がこれにあたる。二番目は〈経済原則〉と呼べるもので、これは金品といった報酬を当てにするもの。類型では〈バイト系〉がこれにあたる。最後は、共感原則と呼べるもので、これは他者とのコミュニケーションをつうじて当事者の内面に影響をおよぼすものである。類型では〈欠落系〉がこれにあたる。

ここでもっとも注目すべきことは〈三番目の共感原則〉である。性に関する、社会的行為やコミュニケーションへの参入動機と帰結に対して、愛情や癒しといった側面を求める傾向が現代社会においては、大きくなっていると考えられる。日常の社会関係で愛情や癒しを得ることが困難な場合、ある人にとっては、援助交際が形成する脱社会的な時空間に参入することによってそれが可能となるのである。この脱社会的な時空間については、第七章の主題として論じたい。

第三章　援助交際の男たち

1　援助交際男性

1　援助交際における男性像

ここでの問題関心は援助交際をする男性に向けられる。彼らに目を向けることで、男性たちが援助交際に何を求めているのか論じたい。援助交際といえば、とかく話題になりがちな女性たちではなく、女性側から得られた情報をもとに、彼女らを買う側にいる男性たちを分析する。援助交際において、女性に対して金品を代償に性的な諸行為をしようとする男性を〈援助交際男性〉と呼ぶ。そこにおいて男性は通常、女性を買う側に立っている。ただ例外的に〈逆援助交際〉と呼ばれる現象では、女性が男性を買う、あるいは男性が自らの性的なサービスを女性に売るというケースも報告されている。

援助交際男性の職業については、援助交際女性から直接に聞いた範囲であげれば、医師、弁護士、大学教員、会社経営者といった社会的地位の高い人から、警察官、ヤクザ、高校教師、サラリーマン、自営業者、大学生まで実にさまざまである。これらの職業のなかでも多いのが、順にサラリーマン、自営業者、会社経営者である。年齢については、下は一九歳の青年から上は八〇歳を超える老人までと、実に幅広い。しかし大部分を占めるのは三〇代、四〇代の男性たちである。この理由として、性的関係の対象として若い女性を望む指向を彼らがもち、現実にはこのような性的関係は金品を媒介にせずには成立しにくい状況があって、それを実現するために必要な金品をまかなうことのできる経済力をもつためであると考えられる。

また援助交際女性の話によると、この三〇代、四〇代の男性たちは、援助交際をする彼女たちにとっても望ましい援助交際の相手として考えられている。ごくたまに年上の男性の方が包容力や理解力があるためという女性がいることを除けば、この年齢になれば、ある程度の社会的な地位と家族をもつケースが多いために、レイプや恐喝といった危険な行為をしないだろうと、彼女たちが予期しているからである。

2 買春男性の類型

二五歳以上の男性の半数以上が買春経験[2]をもつというアンケートの調査結果[3]がある。女性を買ったことがあると答えた男性一一五七人は、理由を次のように回答している。上位から順にあげると、「刺激を求めて」が一六・四%、「生理的欲求として当然だから」が一五・〇%、「売る人がいるから」が一三・四%、「家庭を壊したくないから」が九・四%となる。これら四つで、全体の五四%を超える。[4]これから推測できるのは、男性は買春に、性的欲求を充足し、性的快楽の獲得を求めていることである。

つまり、「刺激を求めて」と「生理的欲求として当然だから」いう買春理由はもちろんのこと、「売る人がいるから」と「家庭を壊したくないから」という買春理由も、消極的に性的欲求を充足し、性的快楽の獲得を求めていると読みとれる。なぜなら、金銭さえ支払えば性交に応じてくれる女性がいるから買春する「売る人がいるから」という理由も、女性への男性の性的欲求がその前提に存在するからである。また性的欲求を満たせない家庭であっても、外に愛人や浮気相手まではつくりたくないために、いわばプロである売春女性にそれを求める「家庭を壊したくないから」という理由にも、同様の前提が推測できるからである。つまり買春男性は一般的に、買春に性的欲求の充足と性的快楽の感得を求めているのである。このことは、筆者の取材において、「あなたを買う側の男性は、援助交際に何を求めているの？」という援助交際女性への問いかけに、体という答えが一番多かったことに対応している。

しかしながら、ここでとりあげたアンケートそのものに問題がある。アンケートの配布方法や回収率の低さもさることながら、質問項目が問題なのである。ある女性団体を基盤に結成されたグループが作成したもので、男性の買春理由を、即物的・生理的な動機づけに還元する意図も読みとられるからである。たとえば、買春するときの男性の心理状態についての質問項目や、相手の売春女性をどうみているかの質問項目があってこそ、ある三〇代男性の「女性をお金で買ったあとのむなしさ、でも、だれかに優しくされたいのです」[1]といった愛情飢餓とでも呼べるような言明が得られたとも考えられる。

また買春男性の類型に関連して、コールガールの客となった買春男性の類型をあげておこう。「スタインはコールガールと関係をもった一二三〇人の男性について調査し、そのデータをもとに客を次の九つのタイプに分類した。ご都合主義者、友愛主義者、興行者、冒険者、恋人、友人、奴隷、保護者、それに少年である。ところが、タイプのいかんを問わず、全員が、自分の性的欲求をプロによって、手軽に、金銭以外のなんの義務も負うことなく、満たしたいと思っていることがわかった。もっとも、なかには愛や友情のつかのまの幻想を楽しんだ者もあるが」。[2] この九つの類型は、実に興味深いが、「タイプのいかんを問わず、全員が、自分の性的欲求をプロによって、手軽に、金銭以外のなんの義務も負うことなく、満たしたいと思っている」という箇所は、以下での本章の分析とは適合しない。かつて売春女性が貧困や欠損家族、人格崩壊の問題として語られていたように、男性にとって買春とは金銭を代償に性欲を処理する行為であるという近代的な売買春観にとらわれすぎているように、筆者には思える。

3　援助交際男性像

一般に社会的に望ましいとされている、両性の愛情をもって形成される性的な関係を金品によって得ていることから推測すると、援助交際男性は、日常生活では自らの能力によって、女性との性的な関係をもつことが困難な男性、俗に言うもてない男と考えられる。実際に、援助交際女性たちにインタビューしてみると、次のような発言が得られる。

◎50……………

筆者：援助交際をする男の人は、もてる人もてない人、どっちが多い？

ヒロコ：もてん人。若い人がとくに。前（に）二三歳の人としたけど、なんかそんなに（カッコよくなかった）。みんな身長が低い人が多い。一六〇とかね一六五（㎝）とかね。

取材時までに七〇人ぐらいの男性と援助交際をしてきたというヒロコは、若い人の場合、とくにもてない人が多いと語る。ここにみられるように、援助交際男性には、身長が低いなど身体的魅力（physical attractiveness）に劣る男性が多いようだ。またウエダと名のる四六歳の男性が語るテレクラでみかける男性たちについての話も、このことを裏づけている。

◎63……………………

筆者：援助交際をやる男の人って、もてない人が多い？

ウエダ：もてない人が多い。

このように、女性にもてないために援助交際をする男性を、ここでは〈性的弱者〉と呼ぶ。

次に、援助交際男性にはどんな感じの人が多いのかを尋ねたインタビューをみてみよう。

◎23……………………

筆者：援助交際をしている男の人って、どんな感じの男の人が多い？　共通項とかある？

サクライ：共通項はね、三つに分かれますね。本当にね、普通の人、どっこにでもいそうなおじさんとか、

どっちかというとのんびりマイペース型の人と、パッと見、強面《こわもて》でヤクザ系の人と、あと本当に遊び人ふうっていう感じですね。あんまり暗いタイプはいなかったですね。なれている人が多かった。

二三歳のOLであったサクライの発言から、次のことが理解できる。援助交際男性は、雰囲気から「普通の人」「ヤクザ系の人」「遊び人」という三つにわかれる。援助交際といういかがわしいイメージからは「ヤクザ系の人」や「遊び人」の人たちを連想させるが、この二つのタイプに属するのはむしろ少数派である。サクライの例からも推測できるように、援助交際の特殊な点は、職場では真面目で、家庭ではありふれた父親や夫を演じているだろう普通の男性と、外見的にも内面的にも普通のカテゴリーに入るような、どこにでもいそうなOLや既婚女性、女子学生とが、第三者の介在も互いの面識もなく対面して、金品を媒介にして性的な諸行為をすることにある。

これまでに五八人の援助交際女性にインタビューをしてきたが、援助交際男性には「普通の人が多い」と答えるケースがほとんどであった。ここで言う普通とは外見的にも性格的にも性的志向においてもアブノーマルではないという意味である。たしかにSM趣味をもったサド男性やマゾ男性の話もしばしば聞くが、こうした男性と出会ったり、援助交際をしたと話したのは三人に一人ぐらいである。

整理してみると、援助交際男性は女性との性的関係をどう位置づけるかによって、二つのパターンに分けることができる。援助交際男性が素人女性との性的関係を積極的に楽しむために援助交際をするという遊び人系と、性的関係を形成することが困難なゆえに援助交際という手段で性的関係を得るという性的弱者である。さらに、性的弱者には、身体的な魅力が劣っているという理由で性的弱者に位置づけられている身体的弱者と、女性との会話が苦手か、意志疎通が上手にできないために女性との性的関係の形成が困難であるというコミュニケーション弱者が考えられる。ヒロコがあげているのが身体的弱者であり、コミュニケーション弱者とは外見的には問題がないが、女性と話せない、話しづらいという男性である。サクライがあげている「暗いタイプ」はこれに該当するだろう。

2 援助交際への演技論的アプローチ

ここで用いる演技論的アプローチとは、アメリカの社会学者E・ゴッフマンに拠っている。彼は人々がある社会的領域で適切な振る舞いをする際に選びとる戦略をドラマトゥルギー（dramaturgy）と命名した。ドラマトゥルギーは、行為者であるパフォーマー、パフォーマーに反応する観客であるオーディエンス、コミュニケーションの場であるステージという三つの要素で成り立っている。[3]

援助交際というステージにおいて、参与する男女はそれぞれの動機や目的によって、自らの演じる役割を選択しパフォーマンスを遂行する。援助交際女性のパフォーマンスは前章で分析したように、四つの類型によってそれぞれ異なるものとなる。内面希求型〈欠落系〉のサブカテゴリー〈AC系〉において、コミュニケーションを求める男性に娘や妹といった役割を、内面希求型〈欠落系〉のサブカテゴリー〈魅力確認系〉においては、自己の性的価値を認め高めてくれる男性に恋人の役割を、ときには自発的に演じる。これら二つの類型では自己の内面を支えてくれる役割を担った異性を必要とし、対他的な志向をもつ。しかし、残る二つの類型では対自的で、関心は自己に向けられている。欲望肯定型〈快楽系〉においては、日常の自己とは異なる性的な快楽を得る享楽的な女性を演じ、効率追求型〈バイト系〉では金銭以外に目的がなく、無関心に振る舞う。

援助交際男性にとっての援助交際を演技論的に分析してみると、援助交際というステージに対して彼らがいだく幻想から、その演技は三つのタイプに分けることができる。一つ目は援助交際が男性側の性的な幻想を充足させる行為であることから〈性欲充足型〉が考えられる。二つ目は先の発言にみてきたように、性的弱者であるもてない男性の場合では、援助交際には双方の愛情を前提とした恋愛関係を理想として振る舞うタイプが考えられる。これを〈擬似恋愛型〉と名づける。三つ目は前の二つとは異なって、援助交際女性に〈父と娘〉〈兄と妹〉といった家族的な関係を求めるタイプである。これを〈擬似家族型〉と名づける。後者の二つのタイプは、金銭で若い女性の肉体を買って性欲を満たす中年男性と、金銭欲しさに身体を売る若い女性という、一般に流布している援助交際をする男女のイメージとは異なっている。以下、三つのタイプについて論じてみよう。

3 援助交際男性の諸類型

1 援助交際男性にとっての性交とお金

援助交際男性は、女性に金品を提供することで、女性との性的なコミュニケーションやサービスを得ている。この代償に支払う金銭には、金銭と商品を交換する経済行為以上の意味がこめられている。エリは、彼女に援助交際をもちかけた相手がお金を払うときの気持ちについて語った発言を、次のように再現している。「俺がお金をやるのはな、お金でお前を買っているんじゃないんだ。ただな、こんな俺と相手をしてくれて、ありがとうっていう気持ちのものやから、これはモノが買えなくて、買っている時間がなかったから、現金になっちゃうけど、これで買いなさいという意味だから、けっして（女を）買っているわけじゃない」（◎66）。お金で女性と性交する機会を得ようとする男性がきれい事として自分の行為を飾ろうとしているようにも思えるが、援助交際における、交際面の強調、すなわちコミュニケーション的側面を考慮すると、あながち嘘とは断定できない。また次のような援助交際男性の話も、彼らの男性心理を代弁していると考えられる。

◎63…………

筆者：一般的には、男の人はセックスしたいだけで援助交際をやるとかって言われていますけど、この話はどうですか？

ウエダ：うん、まぁ、そういう人もたくさんいてるし、おったって、何もおかしくはないことかもわからへんけど、私の場合は、それだけで（援助交際をしに）行くだけやったら、寂しいね。

筆者：それだけだったら、（若いころに経験した）風俗と変わらない？

ウエダ：そう、そういうことなんですよね。風俗と違うもん（の）を求めて行くんやからね。それやったら、若いねえちゃんを高校生と思って（イメクラ[6]の制服プレイのことか？）、やっている方が気持ちいいんちゃう？　そういう人はね。

また、性欲に駆られて性交をする男性像が存在するとするならば、そこには親密な異性との性的関係からの逃避という側面も考えられる。筆者が唯一面接インタビューをすることができた男性であるウエダは、プライベートの性交と比較して、援助交際での性交の意味合いを次のように述べている。

◎63…………

筆者：援助（交際）のHと、プライベートでお金なしにやるHとは何が違うんですか？

ウエダ：あのH自体は、援助の方がええんちゃうかな。プライベートっていうのは、向こう完全に気持ちで来てはるでしょ。女の人が私に来ているからね。その分、（相手にセックスで）尽くさなあかんという気持ちの方が強いですよね。私、何のために選ばれているのやっていうたら、それも含めて選ばれているでしょう。ということは、やっぱり尽くさなあかんね、そういうふうな気持ちが強いですね。

筆者：援助の方が、純粋に……

ウエダ：自分の一方通行で（セックスを）できる場合が。

つまり、この男性は日常生活でする親密な相手との性交と比較して、援助交際での性交は自分本位ですることができると話している。現代社会において、性交は親密な異性との間でされるべきであるという規範が存在している。この関係においては、互いの自由意志と合意にもとづく、相手との対等な関係が要求され、自己中心的な振る舞いは許されていない。社会学者のＡ・ギデンスは、この関係を「純粋な関係性」と呼ぶ[4]。ある意味で、この男性は親密性にもとづく性規範の外に、援助交際における性交を位置づけていると考えられる。このように、男性における性欲や援助交際男性の買春を、本能としての性欲や生理機能、単なる射精行為とみなすことは簡単なことではない。

2　性欲充足型

一番目の性欲充足型について最初に言及すべきことは、ここで言う「性欲」が「生理的欲求」や「本能」という言葉で置き換えられないことである。援助交際女性に、買う側の男性が何を求めているのかと尋ねると、「体」や「セックス」「ただやりたいだけ」という答えが返ってくる。この回答は女性たちからみた、男性たちが援助交際に求める表面的な動機を表現している。この言葉だけをとらえると、援助交際男性は性的な快楽のみを求めていると考えられるが、援助交際男性は自らの生理的欲求や本能の赴くままに援助交際に参与するのではない。男性たちは社会的に構成された性欲によって、援助交際に参与するのである。

男性の性交動機・買春動機として語られる本能としての性欲とは何だろうか？　生理学者の林髞《たかし》は「本能（インスティンクト）というのは、生まれつき自然に身にそなわっている働きで、生理学では反射（意志に反して起こる）の集合したものと考えます」[5]と述べ、人間において性欲は、大脳によってコントロールされているため、生物学的には本能ではなく、文化に属すると結論づけている。

◎3…………

筆者：援助（交際）をやって男性観とか変わったところある？

マキ：男性がいかに（性交を）しなくては生きていけない人間なのかがわかった。

男性のもつ性欲の強さについて語っているように思える。しかしマキの話を「性欲は本能の一つとされている。しかし、性欲が喚起されるきっかけには心理的、社会的な要因が関係していると考えた方が妥当である」[6]という元性労働者[(7)]である女性の言葉と照合すれば、男性たちは性欲でさえ、社会的な要因[(8)]によって喚起され、その性欲に駆り立てられていると考えられる。そしてこの性欲を構築しているイメージが性的幻想である。ここでは性欲が生殖機能という身体的基盤のうえに、社会的に構成されたものとしてとらえている。

恋人との性交をしているにもかかわらず風俗産業に通う男性は、恋人との性交では満たすことのできない性的幻想の存在を語っている[7]。生理的な欲求や本能を満たすために、風俗店に通っていたのではない。彼は社会的に構成された性的幻想を満たすために、風俗店に通っていたのである。ここからも、援助交際をする男性が単なる生理的欲求や本能としての性欲を満たしているのではないことが理解できる。

ここでの「生理的欲求」や「本能」という言葉は動機の語彙としての働きをもつ。第一章で女性が援助交際に参与する理由としてあげられる「お金」という言葉が他者を納得させ、行為の動機をそれ以上、追求させないようにする動機の語彙であると論じたように、援助交際に参与する男性には、動機の語彙として、生理的欲求や本能としての「性欲」という言葉が存在していると考えられる。このように考えると、本章1―2でみた買春理由の一位「刺激を求めて」、二位「生理的欲求として当然だから」は、いかに男性が社会的に構築された性欲という観念に縛られているかが理解できる。そして、ここで言う性欲充足型は、自然や本能という人間の意志が介在しない要因に拠るのではなく、社会的に構成された性欲を満たすことを意味している。以下で論じる擬似恋愛型や擬似家族型の援助交際にあらわれる自己は言うにおよばず、性欲充足型においても、「自己は呈示される場面から（さまざまな印象を）寄せ集めて生ずる一つの劇的効果」[8]であり、自己とは社会的な場面において意識される、されないにかかわらず、演技論的な側面をもつのである。ここでは、社会的な場面が援助交際というステージであり、性的幻想というシナリオにしたがって、自己は性欲を喚起し、これを満たそうとするのである。

3　擬似恋愛型

二番目の擬似恋愛型において、男性たちは恋愛に対する幻想をいだいている。このタイプの男性は、援助交際に恋愛としてのコミュニケーションを求め、相手に恋人のように振る舞うことを望むことが多いと考えられる。その理由は、もてないために自分の理想とする女性との恋愛関係を形成する機会がないこと、援助交際というコミュニケーションのもつ特性に起因することの二点である。

援助交際において、男性は金品を代償に相手を見つけることになるが、その援助交際そのものはかなりの自由度を保っており、さまざまなバリエーションがありうる。この自由度とは、男性側だけでなく、女性側からの男性への選択性が高く、いわば自分の気に入った相手を選ぶことができ、また相手にも同様の選択の権利が認められていること、そして援助交際の行為内容が必ずしも性交をともなわなければならないものではないということをさす。このように援助交際は、時間と場所と行為内容に限定されず、気に入った相手と一緒に過ごすことができる。この選択性の高さが、援助交際にかかわる男女にとって演技論的なコミュニケーションを産出する契機となっている。[9]

次に、演技論的なコミュニケーションとしての擬似恋愛型における援助交際の事例をみてみよう。

◎23……………………

筆者：援助交際というのはH（性交）までを含むものとして考えている？

サクライ：うん。なかには違う人もいますよ。男の人で、援助交際というかたちでこっちが三万って言ったら、三万もらえるんですけど。別にあの、Hがすべてじゃない。だから、三万あげるから、そのかわり一日恋人気分で一緒にいたいって言う人もいる。だから一緒に遊園地に行った人もいますよ。でも、年ちかかったんですよ。私が当時一七で、相手が一九。（電話での交渉では）その人がいくら希望って聞いてきたから、年、聞かなかったんですよ。そしたら「二から三（万）希望なんだけど」って言ったら、「じゃ三万出すから、一日恋人になって」と言われて、で、その日の朝に豊島園の駅で待ち合わせをして。

サクライの事例のように、男性側が直接的に「恋人になって」と言うのは珍しい。この事例では、男性と女性とがほぼ同年齢であるために、男性から「恋人になって」という言葉が出てきたと考えられる。そしてサクライは、恋人になるという一時的な役割演技（role-playing）を了承して、デートが成立することになった。〈擬似恋愛型〉の男性は援助交際女性の恋人として振る舞い、彼女に彼の恋人として振る舞うことを要請する。

また、男性は援助交際で出会った女性が気に入ると、真面目に「好きになってしまいそうだ」とか、「彼氏がいないのなら、つきあってほしい」と「コクる」（告白する）ケースがあると、しばしば取材女性たちから聞く。援助交際女性に告白する男性は、筆者が耳にしたかぎりでは、二〇代、三〇代の独身男性が多い。なぜ、そうのか、次の二点がを考えられる。第一は、彼らにとって、援助交際女性が風俗産業で働く女性と異なる素人の女性であるために、彼女自身の自由意志によって男性と援助交際をしていることである。第二は、性的な行為をすることが彼らの内面に「こんな行為をするから、あるいはしたために肉体だけではなく心にもつながりができた」という感覚をもたらし、転移した恋愛感情を生み出すことである。

くわえて、この男性たちは、日常生活において仕事や居住区の関係で普段、女性と接したり話す機会がなかったり、女性と話すことが苦手か、性格上、女性に好まれないコミュニケーション弱者や、身体的に女性から好まれないという身体的弱者であったり、女性と恋愛関係をもって性的な行為にいたることになんらかの困難があることも考えられる。このことから、先のヒロコの「もてん人」が援助交際男性には多いという発言も了解できる。

女性の方はこのような男性に対して、金品がもらえるという理由で、恋人の振りをするという役割演技に徹するケースが多いようである。しかし男性の度が過ぎれば、女性は演技をやめ、彼女の印象操作（impression management）は終わりとなる。

次に〈擬似家族型〉の援助交際をみてみよう。

4　擬似家族型

援助交際に関わる男性は、性的幻想から生じた性欲を満たすことを目的とするのが一般的である。しかし援助交際の特殊性は、援助交際男性が単なる性欲の充足を目的とするだけでなく、彼らのかかえる問題意識をコミュニケーションのかたちで顕現する。

援助交際という名目だけなら一〇〇人、彼女が「プレイ」と呼ぶ性交をする援助交際なら三〇人の男性に会ってきたミユキは、男性が性交以外の行為を求めてくる現象を次のように語る。

◎41……………………

筆者：プレイ以外のやつはどんなのが多い？

ミユキ：だいたい、なんて言うんでしょうね。演じてくれっていうのが（多い）。妹になってくれとか、娘になってくれとか。

三番目の擬似家族型は、家族関係の模倣である。これには論理上いくつものバリエーションがありうるが、筆者が直接耳にしたのは父と娘という役割関係の組み合わせである擬似親子型、兄と妹という役割関係の組み合わせである擬似兄弟型である。援助交際においては、ミユキのインタビューにみることができるように、援助交際女性に娘や妹といった家族的な役割関係を求めてくる男性が存在している。

ここではいくつかの詳細なインタビューが得られた擬似親子型について論じたい。

擬似親子型は、援助交際男性が三〇代、四〇代で、援助交際女性が一〇代もしくは二〇代前半の女性という組み合わせの時に生じている。男性は家庭をもち、援助交際女性と同年齢の娘がいたり、あるいは本来一〇代の娘が存在していてもおかしくないという社会的な位置にいながらも娘がいないケースである。擬似親子型は援助交際における、一世代も違う年齢差がもたらす世代間のギャップに起因している。

次にとりあげる父と娘は、擬似家族的な役割演技を求める援助交際においては、もっとも典型的で、またよく耳にするケースである。まずは事例をみてみよう。

◎43……………………

筆者：援助交際相手の男の人は、自分にどういう態度で接してきたの？

マイ：やさしかったよ、みんな。

筆者：みんなマイと同じ年齢の子供がいるような人たち？

マイ：そうそう。下手したら、自分の娘と同じぐらいとか、まぁ、前後しているけど、同年代ぐらいの子供いてはるとか、あとずっーと、けっこう最後まで、高校なっても同じぐらいの金額をくれてはったんおったけど、その人は、どんなにがんばっても男の子しかおらんかって、子供四人とも男の子で、（それ）で、女の子がどうしても欲しい、その幻想っていうか、思いを私にあてはめてたみたい。ようろんな所に連れていってもらった。遊園地に連れて行ってもらったり、映画館に連れて行ってもらったり。私ら（の年代にとっては）一人では行かへんような所に連れて行ってもらった。

第二章で〈快楽系〉として紹介したマイは、十数年前の中学生時代から始まった、ある男性との援助交際を振りかえって、こうした出来事を話してくれた。この事例では、相手の男性は四人の子供すべてが男の子であった。マイの言葉によると、男性は「女の子がどうしても欲しい」という幻想を彼女にあてはめていたと述べている。自分には娘がいないために、マイを自分の娘のようにあつかうことで、その願望を満たしている。そして、仮に自分に娘がいたならば、選択していただろうという行為を、たとえば遊園地に連れて行くことや映画館に出かけることを、金品が介在した援助交際というコミュニケーションのなかでしている。

前出のサクライは、四年前（一九才）の出来事を話してくれた。

◎23……………………

筆者：今まで援助（交際）してきたなかで、この人は忘れられないとか、覚えていることとかある？

サクライ：（前略）そんときに知り合った人が三六才で結婚している人で、子供がいなかったんですよ。それであの、まぁ、何回か援助というかたちで会ったんですけど、（中略）お正月すぎて、で、向こうが実家が九州らしくて、九州（に）行ったときに「おみやげ」って買ってきてくれたんですよ。ただあんまり大きいものだったら、ほら、奥さんにバレちゃうから、テレフォンカード、九州のなんかどこだかが載っているようなのをもらったんですけど、そんときにあの、テレフォンカードの袋にもう一個、袋が入ってたんですよ。で、そのとき、気づかなくて最初、もらったときに、こうやって「テレフォンカードだ、ありがとう」って、で、しまったときに「もう一個、なかに袋が入っているんだよ」って言われて、要は私がテレフォンカードを袋から出せば、そこにもう一個、袋が入っているのがわかったんだけど、出さなかったんですよ。こうやってパッと見て「ありがとう」って、こうやって閉めちゃったから、「なかにもう一個、袋、入っているんだよ」って出したら、なんか「お年玉」って書いてあって、なかに五万入っていたのね、何でこんなにくれるんだろうって思ったら、自分に子供がいないから、なんかあげてみたいらしいんですよ。

男性と女性との間に親子的なロールプレイがされており、少なくとも男性側にとっては欠落している親子的なコミュニケーションを補完している。ただ、この親子関係が現実のものと異なる点は、この会話の後に二人が金銭のやりとりを前提に性交をしている点である。単に援助交際とは、男性側が女性の身体を求め、女性は金品を代償に受けとる行為ではないことが理解できる。

別の事例をみてみよう。短大生の二人組のユミとミカは単独でも援助交際をするが、リスクを軽減するために二人一緒に、援助交際をしばしばしてきた。彼女たちがしてきた援助交際のなかで、六〇歳ぐらいの男性との援助交際が一番印象に残ったと話している。この男性は「会長」という肩書きを名のり、大学でレクチャーをしたこともあると語るように、社会的地位と知識をもった人物であると考えられる。彼は「それ（援助交際）でな、仕事の疲れを癒すねん、僕は」と語っている。通常、援助交際においてラブホテルが使用されるのだが、一流ホテルの一室で会って話すだけで二万円ずつ二人に払ってくれるという援助交際は、彼女たちがしてきた援助交際のなかでも「おいしかった」と語るほど楽なものであった。筆者は、この「話をするだけ」という目的について、彼が彼女たちと話をすること自体が目的なのか、あるいは話をすることは前段階であり、一般の男性と同じように最終的には性交をすることが目的なのかについて尋ねている。なおこの男性は頭髪が真っ白なので「シラガ」と呼ばれている。

◎45・46…………………

筆者：それは、セックスをやらしてくれないから、とりあえずお金を払うっていう話なの？
ユミ：はじめ白髪《しらが》はそんなことはない。「シラガ」って呼んでいるけど、そいつはやりたいっていう感じじゃなかったよな？
ミカ：ほんまに娘やってん、私ら。
ユミ：最初は。ほんま、かわいがっているっていう感じで、好きなもん食べなっていう感じで。でも欲（が）出てきたんやろうな。

この「シラガ」と呼ばれていた男性は、本当の「娘」のように彼女たちをあつかい、彼女たちも本当の「娘」のように振る舞っていたという。この援助交際は、彼が彼女らと話や食事をすることにとどまらず、性的な関係を求めるという「欲（が）出てきた」ため、結局、三、四回された後、終わりになった。この事例のように、血のつながった親子が通常、性的な関係を形成しないこととは対照的に、援助交際における父と娘という〈擬似親子型〉の役割関係は、年齢差のある男と女の関係でしかないために、結果として性的な関係を志向してしまうようである。しかし、次にみるエリの事例は性的な関係を目的としない純粋と言いうるような〈父と娘の関係〉である。

4　演技としての援助交際

エリは第一回目の取材当時、大阪府下の短大に通う二回生であった。彼女は高校時代まで、横浜市に住んでおり、中学生の時から援助交際をしていた。短大生になった今も、高校時代に知りあった男性と帰省時には援助交際というかたちで会っていると言う。援助交際の経験人数は二〇人以上を数える。しかし彼女は、一度だけ手を用いて男性を射精させた以外、すべて話をしたり食事をしたりするという身体的な接触のともなわない、コミュニケーションだけの援助交際をしてきた。このタイプの援助交際は、筆者がこれまでに取材した援助交際と異なってかなり特殊である。

◎56……………………

筆者：援助交際している女の子はだいたいセックスまでやっているけど？

エリ：バカじゃん。（セックスを）やって、お金もらって、そんなんもらえて当たり前。やらずにもらうっていうのが一番、賢いやり方なんだよ。

しかし現実には金銭を「やらずにもらう」のはかなり難しい。彼女によると、テレクラにおいて電話で話をしている段階で、ただ話をするだけで大金を払う男性を見分けるコツがあるのだと言う。話し方や雰囲気に特徴があると話すのだが、聞き手である筆者にはよく理解できなかった。

彼女が高校三年生の時から援助交際を続けてきた四六歳の男性は、性的な行為を一切せず、会うだけで金銭を払う。これまでの取材経験から筆者は、援助交際における擬似親子関係が援助交際男性の目的そのものではなく、性交に対する前段階的なコミュニケーションとして存在していると考えていた。エリはこの四六歳の男性が性的な行為を求めていないと語るので、疑問をもった筆者は次のように尋ねた。

◎56…………………

筆者：それは下心があっての話？

エリ：なくて、ただその年になると、娘が相手にしてくれなくなる年（歳）じゃん。だから、その相手をしてくれる人が欲しいんじゃないの？

エリの話によれば、「オヤジ」と呼ばれる男性は、自分の「娘が相手にしてくれなくなる」から、話し相手として娘と同年代のエリと援助交際をしている。では、当時この四六歳の建設会社社長と、一八歳の高校三年生のエリはどんな話をしているのであろうか。エリの方からは積極的に話すことはなく、相手はエリの住所はおろか本名も知らないという関係において、彼女は男性の話を聞き、相談を受ける立場にある。

◎56……………………
筆者：じゃあ、今までどんなことを相談されたの？
エリ：娘のことが多いかな。やっぱり同じ子供の立場として。
筆者：どう思うとか？
エリ：「最近、娘が家に帰るのが遅い。彼氏がいるのかって聞いても、そんなの関係ない」と言って、「いるかどうかもわからない」って言っているのね。そういうのとかで。

この会話からは、男性はまずエリと同年代の娘をもっているが、その娘とコミュニケーションをとろうと思っても「そんなの関係ない」と拒否されてしまう立場にあることがわかる。そして、娘とコミュニケーションをとりたいという願望は、エリが彼の娘についての相談役と娘そのものの役割を兼ねることによって充足させられる。その役割演技を十分に果たしているからこそ、次のような発言が登場する。

◎56……………………
筆者：援助交際で会ったオヤジにほめられることとってある？
エリ：「うちの娘もこんなに素直だったらなぁ」っていうの、よく言われるセリフ。もうオジさんの娘にならないか、みたいな。

この男性には、エリは血のかよった娘以上に娘らしく映っている。では、この男性の目には、娘とはどのような存在として映っているのであろうか。類推するに、この男性にとって、娘とは血縁関係が存在し、しかも「素直に」話をしたり聞いたりしてくれる十分にコミュニケーション可能な相手なのである。援助交際というステージにおいて、血縁関係はないが、エリは娘役を演じるパフォーマーであり、オーディエンスである男性にとっては彼の娘以上に娘らしい存在なのである。このような関係が可能なのも、血縁関係にもとづいた父と娘という関係が自然発生的に生じてくるものではなく、〈父と娘〉としての関係を築こうとする意識的な相互行為の結果として〈父と娘〉らしい関係が形成されるからである。つまり血縁関係が存在する実の父と娘という関係もまた役割演技なのである。この男性は、血のつながった実の娘との〈父と娘〉という関係が成り立っていないために、援助交際においてエリとの〈父と娘〉のコミュニケーションを求めているのである。この二人の間の〈父と娘〉らしさは、七〇年代に登場した「アメリカン・ホームドラマやニューファミリーの、明るく幸福そうな家族のイメージ」[9]によって培われた家族幻想に由来していると考えられる。

しかしながら、援助交際男性から「オジさんの娘にならないか」と誘われるまでに「素直」でいい子となっているエリの振る舞いは、彼女の本心から出たものではない。

◎56………………

筆者：自分はちゃんと話を聞いてあげて、素直ないい子になったりする？

エリ：そうやね。お金（を）もらえるからね。

「お金（を）もらえるから」という発言にみられるように、この〈父と娘〉は援助交際というステージにおいて成り立っているもので、そこでのコミュニケーションは金品の介在なしには成り立たないものである。しかしエリによれば、この「オジさん」の目には、エリの「娘」としての振る舞いが金品を媒介にして成り立っているものとして映ってはいない。つまり、この四六歳の男性はエリの「娘」としての振る舞いを演技としてとらえておらず、ましてやエリから「娘」という演技を買っているとも考えていない。エリは、この〈父と娘〉の関係が金品を媒介にして成り立っていると認識しており、また「娘」という演技をしている意識を明確にもっている。このギャップはどこから生じるのであろうか。そして、エリはなぜ、この男性に性的な行為を求められなかったのであろうか。エリがこの男性に性的な行為を求められなかった理由を考えてみよう。

この男性がエリのような女子高校生に対して性欲をもっていないかというと、そうではない。この男性は女子高校生との性交を望むときには、エリに援助交際をしている友だちを紹介してくれるように頼んでいるからである。第一回目のインタビュー取材のおよそ五カ月後、再びエリに取材した。

◎66……………

筆者：（オヤジに）援助交際について話した？

エリ：あー、聞いたよ。あの紙（筆者の論考「〈父と娘〉のドラマトゥルギー」）読んだから、でも、この

こと言ったらやばいから、何気に聞いてみて。
筆者：どういうふうに聞いた？
エリ：「最近、女とやってる？」って。「うちの連れとかと（援助交際）やってんの？」って言ったら、「うん、それなりに」って言ってたから、で、「どんなん？」って言ったら、「変わらんな、空しいな」って言ってたから、「カネ払うことには何とも思わへんけど、女がカネのことしか考えてなくて」って言っているから、「何も俺の気持ちは安らがん」とかって、「でも、やってしまう」とかって。
筆者：さっき言ってた「自分の連れ」って言うのは同じぐらいの年の子？　それとも高校生の子？
エリ：タメ（同年齢）、タメ。
筆者：タメの子とはずっと援助交際やってんだ？
エリ：何人か紹介してるんで、そんなかで好きな奴とやっときという感じ。

この男性には、エリと同年代の女性に対する性欲が存在する。しかし、この性欲を、性交をする援助交際で充足したとしても、空しさだけが残るという。この原因について、筆者は、性交をする援助交際がエリのようなコミュニケーション能力をもたず、また〈バイト系〉の女性たちと同様に、マグロ状態で性交に応じるために男性が空しいのではないかと尋ねている。

◎66……………

筆者：そのオヤジが空しいのは、女の子がマグロ状態だから空しいの？

エリ：そういう意味じゃなくて、終わった後（が空しい）。やっている時は別にいいやん、何も考えんでいいけど。空しさまで埋められへん、寂しいとか。やっている最中は一緒におれるからアレやけど、家に帰ったら、いつものこういう暮らしに戻るわけやん。終わった後、それを考えるやん。あぁ、これで終わりやから、帰るから、互いにバイバイして。また家、帰ってとか考えるやん、そうすると、やってたのが嘘みたいになる。

この男性の空しさは、援助交際によって性欲を充足したことに対する空しさではなく、日常生活でかかえる、とくに家庭での寂しさや孤独感なのである。これは「女性をお金で買ったあとのむなしさ、でも、だれかに優しくされたいのです」といった愛情飢餓以上に深刻な、彼自身の実存そのものがかかえる空しさなのである。寂しさや孤独感を、性交をとおしてではなく、コミュニケーションをとおして埋めるエリの存在は、男性にとって、血のかよった娘以上に娘らしかったのではないだろうか。

ここから、この男性はエリを性交の対象としてみなさなかったために、彼にとって援助交際というステージでエリと会うことはなんらやましいものではなく、その結果、エリの演技を演技とは思わなかったのだろうと推測できる。それゆえに、エリもまた、金品をもらっているからと言いつつも、「本当のお父さんみたい」や「第二のお父さん」と思った時があると、インタビューにおいて語ったのである。

ここで注意しておきたいのは、エリのような援助交際のケースは現実的に成立しにくいことである。ほとんどの援助交際男性は、援助交際のもつコミュニケーション的な側面を擬似恋愛的に、あるいは擬似家族的に振る舞うことで消費し、性交にいたっている。またほとんどの援助交際女性は、その目的が第一義的に金品であるなしにかかわらず、金品を受けとることで性交を主とする性的なサービスを、男性に提供している。エリのように、会話だけを目的とする援助交際を続けることは難しい。先の3―4のサクライの事例や、ユミとミカの事例にみられるように、男性側は最終的になんらかの性的な行為を求めることになるからである。この点について、エリに尋ねてみた。援助交際において親子的なコミュニケーションをした後、性交をするケースを念頭において、筆者は問いかけている。

◎66…………………

筆者：娘のようにあつかっても、遊びの面で親子ごっこやって、それからHするみたいに、ならないのはすごいね。

エリ：私には娘としての情が移っているんやろう。だから（Hをしたくても）手、出せないんでしょ。近親相姦みたいな感じになってしまうから、自分（オヤジ）の意識のなかで。そうなっていると思うよ。

エリの分析によると、この男性は、エリを本当の娘と思っており「娘としての情が移っている」ため、性的関係を結ぶことは「近親相姦」になってしまう、だから性交の対象にはならないのだと言う。エリの援助交際を特徴づけているのは、四〇代の男性との会話を三時間も続け、相談役に徹することのできる、彼女自身のコミュニケーション能力なのである。この能力のおかげで、この男性の目には血のかよった娘以上に娘らしく映ったのである。

ゴッフマンは「ある地位をもつ人びとの集合が他のさまざまの地位をもつ人びとのさまざまの集合のオーディエンスの眼に維持できるイメージは、パフォーマーがオーディエンスとのコミュニケーション上の接触をどこまで制限できるか、その能力次第である」[10]と述べ、パフォーマンスが成功するか否かは、パフォーマーとオーディエンスとのコミュニケーション能力しだいであると論じている。エリの「娘」の演技はパフォーマーとオーディエンスの双方として完璧であったが、この四六歳の男性もまた、エリに対しては性的な幻想をいだかず父であり続けたことから、完璧なパフォーマーとオーディエンスであったと考えられる。この演技論的なコミュニケーションはこの男性に何をもたらしているのであろうか。

◎56……………

筆者：オヤジの方はちゃんと理解されたいとか、コミュニケーションをとりたいっていうのが強い？
エリ：そいつの根本はコミュニケーションやろう。だから、私とは長く続くんやろうし、（性交を）やっている子よりも、私はお金もらっているし。
筆者：ショッピングにつきあわされて、一〇万とか二〇万とかよう払わんもんな。
エリ：私と遊ぶのは娘と遊ぶのと一緒やから。だから娘と一緒に行けない買い物を私がしているから。普通に（お金を）出すみたい。うれしいから、逆に出させてという感じなの。向こうが楽しいって感じなの、引っ張り回しても子供のわがままって思っているから、ぜんぜん苦にならんらしい。
筆者：（オヤジは）けっこううれしそうにしているんだ。

エリ：むちゃむちゃ楽しそう。「次どっか行きたいとこあるか？」と言っているし、スーツ買ったら、「靴は？」って、「靴はいる？」「靴は今のとこいらん」って、やっぱりそれ（エリの援助交際）って、変わっているんかな。

このインタビューから、この男性が彼女に対して援助交際で求めるものをコミュニケーションと見ぬき、エリは男性の娘役としてぴったりとはまっている姿が想像できる。

次の会話をみてみよう。エリが友だちと二人で行った沖縄旅行で一カ月滞在したリゾートホテルの経費二人分を、この男性が全額、支払ってくれた時の話に関連させて、質問をしている。

◎56………………

筆者：そういう（男性は行かないが旅費二人分を払う）ことをすると、オヤジはうれしい？

エリ：なんかお金を出すことに、惜しみないっていう感じ。ただ喜んでくれると、自分の娘が喜んでいるようでうれしいみたいな。

筆者：オヤジを楽しませているんだ、一応は？

エリ：だって相談とかするから、とりあえず答えてあげるでしょう。だから、こう言った場合、こう答えたら、このオヤジはこういう答えを求めてコイツはこう言っているのかなと、想像して受け答えする。カウンセリングみたいなやつだね。

このインタビューからは、娘役に徹するエリが相手を飽きさせないようにコミュニケーションによって楽しませようと心がけていること、「娘」としての発言が男性に対するカウンセリングとなっていることの二点が理解できる。エリがこの男性に性交をすることを求められなかったのは、彼女が彼の娘役を血のつながった実の娘以上に演技することで、娘との親密なコミュニケーションを求めていた彼の心を癒したからである。

では、なぜ金品を媒介に性的な行為をする援助交際に、このような演技論的なコミュニケーションが登場するのか。答えは、援助交際というステージのもつ性質に拠っている。この性質は、店や従業員といった第三者が介入し、一定の手順にしたがってサービスを提供され、客としてあつかわれる風俗産業に通う男性と、援助交際男性をを比べると明瞭になる。第一章でも強調したように、援助交際は風俗産業と比べて、相手を選ぶ際の選択性が高く、援助交際そのものの内容や交渉過程にも高い自由度が保たれている。このことについては、援助交際で「出会い」という言葉が用いられていることからもうかがいしれる。このようなコミュニケーションにおける選択性の高さが、援助交際に関わる男女の日常生活において実現できないさまざまな願望の充足と、その結果としてともなうカウンセリング的な効果を、一時的にせよ、もたらしている。

結局のところ、男性たちにカウンセリング的効果をもつ援助交際は何によって成り立っているのか。それは、男性たちの援助交際というステージにおいてしか満たされることのない幻想と、当事者である男女のコミュニケーション能力である。エリのように、相手の意図や願望を予期し、相手の望む解答を用意できるという優れたコミュニケーション能力をもつ者は少ない。また援助交際に参与する男女は、エリのように、コミュニケーション能力に優れていなくても、自らのもつ幻想を援助交際というステージによって充足し、その内面を癒すことができる。

そのステージにおいて男女は、オーディエンスである相手の願望のあるなしにかかわらず、自らがパフォーマーとしてなんらかの役割を演技し、同時にオーディエンスとなってコミュニケーションをする。その役割演技とは、父親であったり、娘であったり、やさしい恋人であったり、性的幻想を満たそうとする個人であったりする。そしてこの援助交際におけるドラマトゥルギーを可能としているのは、援助交際というステージのもつ脱社会性という特性に拠っているのである。

この脱社会性によって特徴づけられる時空間は、匿名性と身体性の二つによって成り立っている。匿名性は、過去や社会的地位がもつ社会的負荷からの自由を個人に与え、この負荷に制約されないさまざまなコミュニケーションを引き出す。そして身体性は、思考よりも身体を主作動させることによって感覚的で直接的な関係の享受をもたらす。援助交際という脱社会的な時空間におけるドラマトゥルギーは、援助交際の当事者たちに、日常空間における社会関係を青写真として、独特のコミュニケーションを産出させ、再帰的に作用するのである。こうして、この二つの性質を包含している援助交際というステージは、日常生活において実現しない類のコミュニケーションを可能にしている。この脱社会性は、後の第七章の主題となる。

第四章　メディアと援助交際

1 援助交際は誰がするのか？

本章の目的は、第一に、援助交際に関するマス・メディア報道における現実と現場における事実とのギャップが生じる過程を解明し、第二に、報道としての援助交際を成り立たせている価値観、つまり少女の身体がもつ性的価値を分析することにある。以下では、現場のなかの〈援助交際〉とメディアのなかの〈援助交際〉の差異がどのように生じたのかについて、マス・コミュニケーション過程や〈擬似イベント〉〈予言の自己成就〉(1)といった概念を用いて分析する。

援助交際がセンセーショナルに報道された理由は「援助交際とは、普通の女子高生がお金やブランド品を得るために、中年男性に体を売る」売春であるという意味内容を、マス・メディアが社会に流し、人々が受け入れたためであった。このため〈援助交際＝女子高生＝売春〉という図式が流布した。しかしながら、筆者がした面接インタビューを主な手法とするフィールドワークにおいては、これまでの各章においてみたように、これとは異なる現実を見いだしている。援助交際に参与していたのは女子高校生だけでなく、大学生、フリーター、ＯＬ、既婚女性など、実にさまざまな肩書きをもった女性たちであった。また援助交際の行為内容も売春だけではなく、さまざまなバリエーションをもっている。

「まず肝に銘じなければならないのは〈援助交際＝売春〉という短絡的な捉え方は、大いなる誤りであるということだ。また、いわゆる〈女子高生言葉〉や〈コギャル語〉なんてものはない。そんなものは、マスコミのデッチあげである」[1]。藤井良樹は「ブルセラ[(2)]」という言葉がはやった九二年当時から女子高校生を中心に取材を続けるルポライターで、援助交際については多数のルポを雑誌上に掲載している。藤井の言う〈援助交際=売春〉が、「マスコミのデッチあげである」という主張は、筆者にとっても、大いに賛同できるものである。

　このような現場の事実に対して、マス・メディアにおける援助交際に関する報道は〈援助交際=女子高生=売春〉という図式を保持し続けていた。しかし、援助交際について取材や調査をしているルポライターや学者の間では必ずしも「援助交際とは女子高校生が売春をする行為ではない」という〈女子高生≠援助交際≠売春〉という図式が共有されている。それにもかかわらず〈援助交際=女子高生=売春〉という図式が、なぜマス・メディアをとおして広く社会に認知されるようになったのか、マス・メディアによる作為がどのようにしてされたか、この問題を解こうとする試みが本章の主題でもある。

　この問題は、マス・コミュニケーション研究において、「マスメディアは外的現実とわれわれの現実認識とをどう媒介し、われわれの現実像をどう形成しているのかという問題は、マスコミュニケーション研究にとっては、まさに原問題とも呼べるもの」[2]とされる。これはマス・メディアにおける現実の社会的構成（social construction of reality）、つまりどのようにして現実が社会的に構成されるのかという問題である。

　現場での事実とマス・メディアが伝える事実が必ずしも一致しないことは、マス・コミュニケーション研究が始まったごく初期から指摘されていた。D・J・ブーアスティンは「報道されやすいような出来事を作る力は、したがって、経験を作る力である」[3]と述べ、〈擬似イベント pseudo-events〉という概念を用いてこの事態の説明を試みている。それはマス・メディアが媒介するイベントという意味でのメディア・イベントに含まれる。メディア・イベントは、①メディアが主催するイベント、②メディアに媒介されるイベント、③メディアによってイベント化される社会的事件、に分類される。[4] この三つの分類にしたがえば、〈擬似イベント〉としての援助交際は③に該当する。

ブーアスティンによれば、〈擬似イベント〉とは、第一にその発生が自然発生的なものではなく人為的なものであること、第二にその価値がどれだけ幅広く報道されたかによってはかられること、第三にその重要性が本当に実在したかではなく、それがどういう意味をもつのかによって決定されること、第四にそれが〈予言の自己成就〉的に計画されること、これら四つの特性をもつ社会現象である。

しかし、マス・メディア研究において、ブーアスティンの〈擬似イベント〉概念は本当の現実と偽の現実という二分法の関係が曖昧であると指摘され、批判されてきた。またG・ドゥボール[5]は、スペクタクル（見せ物）という概念を用いて、大衆の好奇心やマス・メディアの産物である〈擬似イベント〉を批判する。ドゥボールによれば、ブーアスティンの〈擬似イベント〉に対置される「本当の」現実などは存在せず、そこにあるのはイメージによって商品化された社会関係の表象だけである。

本章では援助交際報道を〈擬似イベント〉として考察する視点を提示する。つまり本章における仮説の一つとは「マス・メディアによる援助交際報道とは援助交際＝女子高生＝売春というイメージを人々に与える〈擬似イベント〉ではなかったのだろうか」というものである。この問題を解くために、新聞全国紙と一般雑誌の記事、フィールドワークのデータを用いて、援助交際の分析をする。

2　マス・メディアによる現実構成と現場の事実

1　検索語〈援助交際〉による新聞・雑誌記事の内容分析

この節では、援助交際報道の実態をみることになる。とりあげるのは、全国紙の新聞五紙と一般雑誌である。「社会の公器」としての新聞紙面と、記事内容がまさに商品であり売りあげの善し悪しに影響する一般の週刊・月刊雑誌を分析することによって、この仮説を検証し、その報道過程を考察する。[3]

新聞記事の検索は、日経テレコンを用いて、〈援助交際〉というキーワードによる検索をした。この言葉は九九年一二月末までに、日本経済新聞、朝日新聞、毎日新聞、読売新聞、産経新聞の五紙[4]において、一六五四件存在した。その結果をまとめたものが上の表1である。年度別にみると、九七、九八の両年に全体の約七割（六九％）の記事が集中している。〈援助交際〉が最初に全国紙新聞紙面に登場したのは、九四年九月二〇日付の朝日新聞夕刊の記事「伝言ダイヤル　売春あっせん」である。その記事のなかで、

表1

	1994	1995	1996	1997	1998	1999	合計
件数	1	1	90	710	432	420	1654
％	—	—	5%	43%	26%	25%	

表2

	1993	1994	1995	1996	1997	1998	1999	合計
新聞	0	0	1	19	159	77	50	306
％			—	6%	52%	25%	16%	
雑誌	1	2	1	44	206	117	40	411
％	—	—	—	11%	50%	28%	10%	

女子中学生に売春をさせたとして「援助交際クラブ」という名の組織が摘発される。表1では、〈援助交際〉を使用した記事は九四年、九五年に一件ずつであったこととは対照的に、九六年から増加し、紙面をにぎわし、社会問題として認知されるようになったことがうかがえる。

表2は、キーワード〈援助交際〉による新聞記事と雑誌記事のタイトル検索の結果をまとめたものである。〈援助交際〉が新聞五紙におけるタイトル／サブタイトル中に含まれているのは、一六五四件中三〇六件であった。年度別にみると、九七、九八の両年に全体の約八割（七七％）が集中している。一般雑誌の検索にあたっては明治時代から現在まで約一万種類の雑誌を所蔵している大宅壮一文庫を利用した。キーワード〈援助交際〉によって検索したところ、九九年一二月末までに、タイトル／サブタイトルに〈援助交際〉あるいはその簡略語である〈援交〉という言葉が含まれているのは四一一件[5]あった。初出は九三年の週刊誌の「女子高生クラブへ潜入！〈援助交際〉で一瞬の

恋愛!?」[6]である。年度別にみると、九七、九八の両年に全体の約八割（七八％）の記事が集中しており、新聞記事検索とほとんど同数のパーセンテージになっている。また新聞と同じく、九七年に二〇六件（五〇％）の記事が存在している。九七年は、新聞・雑誌とも、〈援助交際〉記事が一番多く、マス・メディアにおける援助交際ブームが誕生したと言ってよいだろう。

2　二つの〈援助交際〉

マス・メディア報道において〈援助交際〉という言葉の意味内容が〈援助交際＝女子高生＝売春〉へと収斂《しゅうれん》していく過程は、自然発生的なものではなく、人為的なものであった。このことを考察してみよう。〈援助交際〉に関するマス・メディア報道を分析してみると、二つの語られ方があることがわかる。第一は〈援助交際〉を〈女子高生〉というカテゴリーに帰属させるもの、もう一つは〈援助交際〉を「売春」という行為に帰属させようとするものである。

第一の点について、たとえば九四年に〈援助交際〉を初めて使用した朝日新聞を例にとれば、九四年から九九年まで〈援助交際〉を含む記事は四三八件にのぼる。このうちタイトル／サブタイトルに〈援助交際〉〈援交〉〈援助〉という語を含む記事は七三件で、それ以外は記事中に〈援助交際〉という語を含むことになる。この七三件のうち、「援助交際相手　女高生に紹介」[7]のように、援助交際の当人たちのカテゴリーは、女子高校生が一二件、女子中学生と少女がともに七件、会社員などが三件となっている。また全七三件のうち、一八歳未満の女性を表現するカテゴリーが二六件となる。

九四年九月二〇日付の朝日新聞の記事「伝言ダイヤル　売春あっせん」なかには「援助交際クラブ」という語が使用され、また九五年一二月七日号の『アサヒ芸能』の記事では「援助交際の女」という語が用いられ、その属性として「人妻・OL・女子大生」があげられていた。第一章1―1におけるサクライの九一年当時の「援助」という言葉の使用とあわせて考えてみると、〈援助交際〉とは男性側の金銭の提供を代償に、女性側がなんらかの性的サービスをする行為の名称だったことがうかがえる。九四年の時点では〈援助交際〉とは女性一般に通用する言葉であったと推測でき、〈女子高生〉というカテゴリーはなんら関与していない。また過去の二つの援助交際記事において、援助交際の主体が五三年には「妾」、七三年には「未亡人」や「独身OL」だったことを考えれば、〈援助交際〉を女子高校生や女子中学生における売春として意味づけ、使用することは、きわめて九〇年代的な特徴なのである。

第二の点である〈援助交際＝売春〉という図式が流布したのは、思うに、マス・メディア報道の記事が市場で読者によって選択される商品であるように、「援助交際とは売春である」と提示することによって、読者の好奇心と関心を引き寄せようとする意図が存在したためである。ここで重要な役割を果たしたのは、新聞である。紙面において〈援助交際〉が用いられた記事は、全国紙五紙で一六五四件であった。この約半分は、児童福祉法や児童買春処罰法、各自治体の定めた青少年育成条例などの未成年に対する売買春を規制する法律に関連して、未成年女性を買春したり、売春を斡旋・強要して検挙された成人男性の事件をあつかったものである。この種の記事によって〈援助交際〉は刑事事件に値する行為として報道され、〈少女売春〉や「成人男性による少女の買春」というイメージを読者に植えつけたのである。成人女性の売春摘発や男性の売春斡旋・強要といった刑事事件では新聞記事としてインパクトに欠ける。そのためにノーマルでないものがニュースになっていく。一般雑誌において九七年をピークに〈援助交際〉に関する記事が減り、九九年には全体の一〇%になるのに対して、新聞紙面では九七年をピークにしながらも、〈援助交際〉に関する記事数は九九年の段階でも全体の二五%を占めている。一般雑誌におけるブームとしての援助交際は終息しつつあるが、新聞紙面では援助交際はいまだ堅調に記事を連ねている。これには、九九年五月に成立し、同年一一月に施行された児童買春・児童ポルノ処罰法に関連する記事が報道され続けているためである。

以上のことから、新聞や雑誌の報道によって、援助交際が女子高校生を中心とする未成年者の売春行為として読者に受け止められたことがわかる。そして未成年女性の代表として〈女子高生〉が頻繁に、新聞とは異なる雑誌などのメディアに登場する。こうして「〈芸能界の民営化〉が援助交際や主婦売春を生んでいる」[8]という記事にみるように、〈援助交際〉と「主婦売春」は異なる概念であり、援助交際とは〈女子高生〉がする売春であるという意味合いを明確にしたのである。

次に、〈援助交際〉とは何を意味しているのかを、筆者の調査結果に照らしあわせながら考察してみよう。

3　現場における現実の社会的構成

筆者が援助交際のフィールドワークを始めたのは九七年五月である。九七年はメディアによる援助交際報道がピークに達した年である。このことは、キーワード〈援助交際〉による新聞全国紙五紙と雑誌タイトルの検索結果において、新聞では全体の五二％、雑誌では全体の五〇％を占めることからもうかがえる。取材を始める前まで、筆者自身も「援助交際とは女子高生がする売春である」というイメージをもっていたが、この想定は最初にした伝言ダイヤルの調査によって裏切られる。

伝言ダイヤルの男性側回線から女性側のメッセージを聞けば、援助交際を希望している女性は女子高校生だけでなく、一般のＯＬから大学生、専門学校生、フリーター、既婚女性まで実にさまざまであった。筆者は九九年末までに、同一インフォーマントも含めて七一件のインタビュー調査をしている。そのうち女子高校生は一〇人である。[6] ただし一八歳以下の女性になると、一七人となる。取材した五八人のおよそ四分の一強に当たる。このように援助交際は、筆者の取材範囲に限定しても、必ずしも女子高校生だけがしているものではない。この点について「実際、援助交際（〝テレクラ売春〟など、性的な行為にお金が介在している場合）をしている人の層は、幅広いのです。家庭の主婦も含まれています」[9]と述べられている。

また援助交際をする女性がどのような社会的地位をもつかということだけでなく、援助交際の行為内容について〈援助交際＝売春〉という解釈が成り立たないことも、フィールドワークをとおして知ることになる。援助交際の行為内容についても、女性は性交をする以外に、カラオケに一緒に行く、服の上から身体を触らせる、フェラチオをするなどの行為をも、援助交際に位置づけ、その代償に金品を受けとっている。援助交際女性の行為内容が売春に限定されないことは、女子高生にかぎらず、ＯＬや既婚女性の援助交際にも該当する。そして援助交際において、性交をする売春を意識的にウリまれに本番という言葉で呼んでいる場合もあった。つまり、ここでは売春は別称を与えられて、援助交際における他の諸行為とは異なっていたのである。

4　マス・メディアにおける現実の社会的構成

当初、筆者自身も援助交際を「女子高生がする売春である」と了解していたように、多くの人がそうとらえていたようである。たとえば、九七年に大阪府警が作成したポスターには、サラリーマンとおぼしき男性と制服のミニスカートにルーズソックスをはいた女性が寄り添っている下半身の後ろ姿の写真に「援助交際は売春です」というメッセージが添えられている[10]。また新聞紙面においても「〈エンコー〉（援助交際）と呼ばれる少女売春」[11]としてとりあげられている。さらに「〈援助交際〉と呼ばれる、女子高校生による売春まがいの行動」[12]や「援助交際という名の未成年女子売春」[13]のように、学者の肩書きをもつ者でさえ援助交際を女子高校生による売春として認識していた。こうして、〈援助交際〉は「女子高生」がする売春行為として一般的な了解を形成していく。

では、実際に援助交際をする、した女性たちに対して、マス・メディアがどのように影響したのだろうか。援助交際を取材したジャーナリストである村岡清子は「マスコミが盛んに取りあげるせいもあって、大人の間では女子高生＝援助交際というイメージがずいぶん広がっている」[14]と述べている。この援助交際女性へのマス・メディアの影響は特定されにくい性質のものであるが、筆者がした面接インタビューから、援助交際とマス・メディアの関係をみてみよう。

◎46…………………

筆者：（取材も終わりにちかづいて）、最初思っていたのと、この取材は違った？

ミカ：テレビで見たことあるような。テレビで、これ（テープレコーダー）だけおいてんねんやんか、声だけ聞こえんねん。

ここでは、筆者の取材場面と、ミカがテレビで見たと思われる援助交際の報道画面とが重ねあわされている。また率直に、テレビ番組での報道を見ることによって、援助交際をしたと話す女性もいる。援助交際を始めたきっかけとして、一番多いのが雑誌や配布ティッシュに掲載されているテレクラや伝言ダイヤルの電話番号を見て始めるケースであり、次に友だちや周りの人がしていたから自分も始めてみたというケースである。次のリナのように、テレビや雑誌を介して、援助交際を始めようとしたと言明する援助交際女性は意外に少ない。

◎57 ……………………

リナ：テレビを見て、（援助交際を）やってみようかなと思ったのが中一（中学一年生）の終わりかな。

筆者：テレビを見てやろうと思った？

リナ：楽しそうって言うか、高校生とかがオヤジがどうのこうのって言っているのを（テレビで）見たら、簡単そうかなと思って。すぐお金をもらえるから。楽かなと思って、（援助交際に）手をつけた。

リナは、高校生を対象とした援助交際の現状についてのテレビ番組を見て、簡単に金銭が入ると思い援助交際を始めたと述べている。マス・メディアに直接的に影響されて援助交際を始める男女が何人いるかはわからないが、報道が間接的に影響を与えている可能性は確かに存在する。たとえば筆者は、取材に対する問いあわせに「(テレビ) カメラがあるんですか?」や「どの雑誌に載るんですか?」というマス・メディアを念頭においた質問がしばしばあったことを記憶している。

以上みたように、インタビュー調査においても、援助交際のイメージがマス・メディアを介して形成されたことを否定できない。次のサクライの事例をみてみよう。この事例では、援助交際の当事者である女性たちにとって、二つの援助交際が存在している。その二つとは、マス・メディアにおける女子高生による援助交際と、現場における一般人による援助交際である。

◎23……………………

筆者：今日、電話をもらったときも「高校生じゃないとダメなんですか？」とか言ってたけど、それはやっぱり援助交際と言うと、高校生のするものというイメージがあるの？

サクライ：いや。っていうか、あの、「今回調べてる」っていうことだったじゃないですか？　高校生をメインとして調べているのか、一般の人をメインとして調べているのか、わからなかった。

筆者：（取材対象は高校生だけじゃないから）まぁ、一般の方かな。

サクライ：普通、テレビの取材でも何でも、高校生にインタビューしているじゃないですか？　だからやっぱり高校生じゃなきゃ、一応、希望としては一七、八（歳）を狙っているのかなというのがあったから、「二三歳なんですけど、いいですか？」っていう感じで。

この会話からは、サクライにとって援助交際をしている主体には高校生と一般の人という二つのカテゴリーが存在することがわかる。そして、彼女がテレビを中心としたマス・メディアの取材は高校生のみをあつかっていると判断していることがわかる。そのため筆者の取材への問いあわせの電話において、「二三歳なんですけど、いいですか？」と尋ねたのである。この意味において、〈女子高生〉のみを援助交際の主体としてとりあつかい、報道するマス・メディアの偏向を示唆しているとも受けとれる。援助交際は高校生のみがしているのではない。そして彼女のようなＯＬなど一般の人はマス・メディアにとりあげられることはないのである。このように、大部分のマス・メディアによる報道は、現実にされている援助交際の一部をとり出し、拡大することによって、「援助交際とは女子高生がするもの」というイメージを再生産しているのである。

5　擬似イベントとしての援助交際

マス・メディアは援助交際の主体として〈女子高生〉をとりあげていく傾向が強く、フィールドワークで得られた筆者のデータとは異なる事態をつくりあげていることがわかった。サクライの「高校生をメインとして調べているのか、一般の人をメインとして調べているのか」という取材活動への問いかけは、マス・メディアがとりあげる援助交際の主体が女子高生であることを示唆している。女子高校生の援助交際について、OLの援助交際女性に尋ねた際の発言からも、そのことがうかがいしれる。

◎2…………

キミコ：雑誌とかテレビとかで、こういうのとりあげるから、逆に女子高生の子らは、それがはやり（援助交際をしてしまう）っていうのもあると思うんですよ。

「援助交際の担い手は女子高校生だけでなく、一般のOLから大学生、専門学校生、フリーター、既婚女性まで実にさまざまである」という筆者の主張は、サクライのような一般の人たちが援助交際の主体として存在しているという証言によって裏づけられている。もちろん「特定の逸脱行動や逸脱者・集団についてメディアが伝える内容と現実との間の量的な乖離や質的な歪曲にある」[15]ことは指摘されている。

しかしその過程を詳細に検討した文献は意外に少ない。
マス・メディアによる援助交際報道は〈援助交際＝女子高生＝売春〉というイメージを人々に与える〈擬似イベント〉ではなかったのだろうか、という仮説を検討してみよう。ブーアスティンのあげた〈擬似イベント〉に関する四つの特性に照らして考察をする。第一の性質は人為性、つまり援助交際は女子高校生によってされる売春では必ずしもないが、そのイメージが新聞報道によって強化されたこと。第二の性質である幅広い報道、つまり〈援助交際〉という言葉が流布し、社会問題として広く認知されるにいたったこと。第三の性質は話題性、それは現実には、女子高校生以外の一般の人によって援助交際の多くがされているにもかかわらず〈援助交際＝女子高生〉だけがとりあげられ、「性の乱れ」や「今の社会そのままの拝金主義」[16]としてとりあげられたことである。第四の〈予言の自己成就〉的性格。つまりリナの「高校生とかがオヤジがどうのこうのって言っているのを（テレビで）見たら、簡単そうかなと思って」援助交際を始めたという証言からも、この報道が〈予言の自己成就〉的性格をもっている。これら四点は〈擬似イベント〉としての援助交際という仮説を理論的に裏づける。つまりマス・メディアにおける〈援助交際〉報道は典型的な〈擬似イベント〉となり、人々の〈頭のなかの絵（pictures in our head)〉となったと考えられる。

メディア研究者のD・ダーンとE・カッツは、メディア・イベントの生じる過程を三段階に分けて論じている。[17]第一段階が〈現実の世界で生じる先行的な出来事〉。第二段階が〈セレモニー〉。第三段階が〈現実の世界で生じる結果的な出来事〉である。この図式に照らしあわせてみるならば、サクライの証言にみられるように、九一年ごろからのテレクラなどで使用された援助という言葉の広がりが、メディア・イベントの生じる第一段階にあたる。この援助にかかわる女性たちは、九五年の『アサヒ芸能』などの記事において、自らが「援助交際の女」と位置づけられていることを知ることによって、援助交際の名称と内容を理解することになる。援助交際という名目でさまざまな社会的カテゴリーをもつ女性が参与している状況で、女子中高生が犯罪事件としてマス・メディアによってとりあげられ、第二段階である〈セレモニー〉としての援助交際が誕生する。それは「援助交際とは、普通の女子高生がお金やブランド品を得るために、中年男性に体を売る」こととなり、イベントとしてフィクション化される。それは「ある与えられた行事にメディア・イベントの地位を付与するのは、それをニュースから切り離し、フィクションの領域で意味変換する関係である。結果としてできあがるのは、虚構とニュースの対立を無効化する意味構成《テクスト》である」。[18]〈セレモニー〉としての援助交際は虚構（作りあげられた現実）とニュース（事実）の対立をも覆い隠してしまう。そして、第三段階である「現実の世界で生じる結果的な出来事」として、リナの発言にあるように、マス・メディアは、援助交際という現実を社会的に構成する。

つまり、マス・メディア報道を定義づける三つの要因、「状況に対するメディアの定義づけ」「状況に対する行為者の定義づけ」「状況の文化的定義づけ」[19]に照らして考えてみれば、「普通の女子高生がお金やブランド品を得るために、中年男性に体を売る」行為が援助交際であると「状況に対するメディアの定義づけ」がされ、この「状況に対する行為者の定義づけ」が新たな女子中高生による援助交際を生みだし、本来もっていた意味内容を変えてしまう。五三年の記事「囲われざるお妾／今や援助交際大はやり」や、七三年の記事における「未亡人や独身ＯＬがパトロンを求めたりする」行為としての援助交際の説明、さらに九五年の『アサヒ芸能』記事において援助交際女性は女子高校生ではなかった。

しかし「状況に対するメディアの定義づけ」と、それを受けて生じた「状況に対する行為者の定義づけ」の変化が、援助交際という「状況の文化的定義づけ」をも変えてしまっている。つまり、援助交際とは「普通の女子高生がお金やブランド品を得るために、中年男性に体を売る」行為として、「状況の文化的定義づけ」が成立したのである。その最初の段階に「状況に対するメディアの定義づけ」が先行していたのである。

こうして、援助交際が〈擬似イベント〉であるという主張は、その条件からも、過程からも、定義づけからも、肯定できるだろう。そして現在においても、援助交際の担い手が女子高校生であるという解釈が成り立っている。たとえば、九九年七月に発行された出版物においても、「主に女子中高生による性的なサービスの提供は、援助交際とよばれ、一大ブームとなった」[20]と記載されている。

しかし、援助交際における性的な諸行為に〈女子高生〉というブランド名を課し、援助交際をする男性のみならず、広く人々の関心を引き寄せていく力とは何だろうか。次に、このことを、女性の性的身体化と少女性を軸に考察してみよう。

3 〈少女〉という性的身体の構成と援助交際

1 現代社会における女性の性的身体化

最初に、近代社会における女性身体の構成について考察する。近代社会における身体への視線・まなざしは「規律・訓練」をつうじて個人をつくり出していった。[21] 個人はちょうど、当時、進行しつつあった工業化・産業化に適合する身体と心性の所有者、つまり労働者として生産活動に従事した。そこで求められたのは、長時間の労働に耐えうる頑健で規律化された身体と従順で勤勉な心性であった。

この事例の一つとして、「衛生美人」[22]の運動(一八八四年)をとりあげてみよう。一八六七年の明治維新によって近代国家を目指した日本は、政府の主導のもとに近代化・産業化を進めていくことになる。明治政府のした一連の改革のなかで、四民平等と通婚の自由の許可(一八七一年)は江戸時代の身分制社会と異なって、人々に法的な平等を保証し、社会上昇を可能とした。社会上昇は、男性には有能さを資源とした立身出世、女性には美貌を資源とした恋愛結婚[(7)]によって可能になった。明治期の四民平等は、これまでの身分秩序を表面的にも実質的にも壊すことになったが、人々の価値観も、しだいにではあるが、変化することになる。このことは、一八八六年の『伉儷《ふうふ》撰択鏡』の「古来多クハ父母師長ノ命ニ随ヒ門地財産血族故旧ヲ求メテ結婚シ……今時勢人事ノ一変スルニ従ヒ聊カ其弊習ヲ脱却シ漸ク男女相選フニいたルト雖トモ其選フ所ハ徒ニ姿容芸能等ニシテ……」[23]にはっきりとみてとれる。ここでは、従来の「父母師長ノ命ニ随ヒ門地財産血族」にもとづく結婚がすたれ、男性は「芸能」つまり有能さ、女性は「姿容」つまり美しさを基準にして結婚相手を互いに選ぶという新しい結婚形態が生まれたことを示している。女性への美による選別の普及は、外見よりも、健康・多産・労働などの実利を重んじる「衛生美人」の運動を招くことになる。それは「臀腰壮大」を理想とする女性における一つの理想的身体(8)をさすが、それには今日的な意味での外見的な美しさという要因は含まれていない。この運動からもわかるように、富国強兵という国家政策に適合する理想的身体が登場したのであった。

しかし現代社会においてこの状況は異なる。経済における主要なフェイズが生産から消費に変わったことは、理想的身体にも変化をおよぼす。近代化の初期においては、両性において生産的な身体が理想とされたが、近代化が進み、人々の所得が高まると、消費行動に適合する身体が理想化される。そのような社会では、女性は健康・多産・労働といった特性を備えた「臀腰壮大」を理想とするような身体は要請されず、別の事態を生じさせる。「ヨーロッパでも日本でも、近代化という過程とは、かつて両性に属していた《美》という性質が、女性へと《専門化》してゆく過程」[24]と述べられているように、男性・女性において求められる理想的身体が異なってくる。

社会心理学の研究ではこの事態が明瞭にあらわれている。女性に対しては「従順な・謙遜な・男性に依存的・容貌の美しい・かわいい・気持ちのこまやかな」といった属性が適合し、男性に対しては「頭がよい・学歴のある・理想的・経済力のある・意志強固な・活発な・積極的」といった属性が適合する。つまり女性には「美・従順」の因子、男性には「知性」「行動力」の両因子が男女の性役割を差異づけている。[25] 男性の「頭がよい」「経済力のある」「積極的」などの属性が適合的なのは、これらが労働の現場で有能さを特徴づけるためである。ところが女性の場合、「従順な」「容貌の美しい」「気持ちのこまやかな」などの属性が適合するのは、外見的、内面的な美しさが求められるためであると考えられる。この女性像をいだいたまま、有能さを必要とされる労働現場に女性が参入すると、活動性や知性だけでなく美しさや従順さも求められるという〈性の二重規範〉にさらされることになる。

　ここで、なぜ現代社会において、女性が美しさを専門とする属性をもつことを期待されるようになったのか、つまり美しさを理想的身体の特性としてイメージし、自らの身体を加工・コントロールするようになったのかを考えてみよう。それにはマス・メディアの果たした役割が大きいと考えられる。明治末期になると、美は衛生という概念と結びついて登場してくる。ここでいう衛生とは富国強兵にしたがって、死亡率を低下させ、人口を増やすために、男性・女性の身体に求められた性質であった。[9]
〇八（明治四一）年に刊行された『美容法』という本には「美貌術は高尚且優美なる化粧法で衛生と美感とを調和する化粧術であります。高尚と優美とは離るべからざるものである衛生は美を愛する心を以て行はるべきものであります。美を愛する心を養ふと共に衛生に適し高尚にして優美なる化粧法でなくてはならぬ」[26]という記述がある。美と衛生の結合によって、明治末期、隆盛しつつあった美容産業は化粧がごく自然で健全なものであると語り、女性における新しい美の規準を提示する。このことは、それ以前の美と病弱さの結合で生み出された美人のイメージ、「美人薄命」や「柳腰」とは、正反対の美人像を提示することになった。明治末期から大正期にかけて女性向けの雑誌には、クリームや口紅、美顔器などの雑誌広告が数多くみられる。この時期に、美の規準から離れた「臀腰壮大」から、美的な身体へと特化していく。当時の若い女性たちは自らを「オトメ」と称し、美しくなること、それ自体を追求していった。[27] この事態は、昭和初期、戦中を経て、戦後の経済成長による消費の拡大化と、消費の誘因としてマス・メディアを利用した広告産業の発展によってますます進行していくことになる。

たとえば、広告において登場する女性には若さと美しさが求められる傾向がある。マス・メディア研究者の鈴木みどりは「アルコール飲料CMに登場する全人物の七一%、女性のみでは九五%が二〇代であること、また清涼飲料CMでは、全人物の二六%が一〇代、四一%が二〇代で、女性のみでは一〇代四〇%、二〇代四六%となって」いることを調査から明らかにし、「〈若さ〉の商品化がとくに女性で著しく、それは女性の〈性〉の商品化につながっている」[28] と結論づけている。同じことは、飲料に関するテレビCMにかぎらず、雑誌や新聞広告、小説、漫画、映画、テレビドラマ、ニュース番組などに登場する女性たちにもあてはまるだろう。女性の身体に課せられた美は、男性の性的な視線を集め、性的欲望を喚起する作用をもっている。

次に、社会によって人工的に作られた女性の身体のうちで、もっとも巧妙にかたち作られた女性身体である少女の身体と〈少女〉というカテゴリーについて考えてみよう。

2 〈少女〉の誕生

少女とは本書において、一二、一三歳から二〇歳未満の女性をさす。〈少女〉は、近代社会において誕生した新しいカテゴリーである。「近代より前に〈少女〉はいなかった。存在したのは性的に未成熟な幼女と成熟した女の二種類だけである」[29]と書かれているように、少女とは近代社会によって新しく作られた女性の類型なのである。少女が「産む性の徴《きざし》を身体にもちながら、同時に産む性を拒否した存在」[30]であることは、性的には成熟しながらも現実の性交の対象としては禁止された「未使用の女」[31]として男性の目に映る。日本社会において明治以前は大人である女と無性別の子どもの二種類が存在するだけで、「この時期、女性の結婚年齢の多くは一〇代である」[32]ことを考えれば、少女の特異性が認識できるだろう。

少女は、明治末期から大正期にかけて都市部において形成された。たとえば「教育勅語」（一八九〇年）による純潔教育の推奨や、高等学校における男女共学を禁止した「高等女学校令」（一八九九年）にともなう、あいつぐ女学校の新設や少女雑誌の創刊によって〈少女〉という新しいカテゴリーと少女文化がかたち作られていく。少女という社会集団は、男子学生が排除された女学校や女学生の寄宿舎における、社会からの隔離と保護によって形成される。そして「〈少女〉という虚構集団、それは、明治近代化の進行の過程で、宙吊りを余儀なくされた〈女学生〉という新階層が投稿という手段をつうじて、言葉を紡ぎあげた幻想共同体に他ならない」[33]とされているように、少女という新しい社会集団を特色づける少女文化は、当時のマス・メディアである少女雑誌における投稿欄上での、少女同士のコミュニケーションによってかたち作られた。そして、この少女的なものの特質とは「何ものでもあり得ず、何事もなし得ない」[34]ことにある。つまり、それは「〈少女〉とは〈産む性〉でありつつも〈産むこと〉を肯んじない存在」[35]としての少女自身の性質を表現している。そしてこの少女の性質を具現化するのが揺れ動く「リボンとフリル」であり、少女のもつ「美しさとはかなさ」を表現していた。

少女のもつ美しさとはかなさ、そして社会、とりわけ男性から隔離された処女であることがもつ純潔性は、男性たちにとって少女に対する「清純」「無垢」といった幻想を醸成することになる。この少女幻想に付随する性規範は、戦後の五〇年代以降に、それまで存在した村落的な性風俗を侵食するかたちで全国的な効果をあげている。ちょうど九〇年代に三〇代、四〇代であった男性たちはいわばワリを食った世代であり、少女のもつ使用禁止の身体に対する、清純・無垢幻想に彩られた性的欲望を抑圧されたままで中高年になったのである。

3　バイト系の援助交際女性

「少女の身体」という性的価値を商品として提示し、最大限利用することで援助交際をしたのが、〈バイト系〉の女性たちである。性交・生殖可能、つまり成熟した性的身体を所有しながらも、その内面が清純・無垢であるかのように男性の目に映る少女という存在は、現実にはその身体への性的欲望の実現を禁じられているがゆえに、男性の欲望を高じさせるのである。そして、少女と三〇代、四〇代の男性との性交を可能にしたのが援助交際であった。それゆえ、援助交際はマス・メディアにおいてセンセーショナルにあつかわれ、また既出の『現代用語二十世紀事典』や『イミダス』は〈女子高生〉を援助交際の主体として措定したのである。彼女たちは、マス・メディア報道が伝える「援助交際とは、普通の女子高生などがお金やブランド品を得るために、中年男性に体を売る」というイメージにそって援助交際をする。

〈バイト系〉の援助交際女性たちにインタビューするときに、もっとも印象的な事柄は「お金」への執着と、彼女たちが「オヤジ」と呼ぶ中年男性への憎悪にちかい嫌悪である。「オヤジ」とは主に三〇代、四〇代の男性たちであり、援助交際というかたちで彼女らに金品を与えている。たとえば、一五歳の高校生であるユカリは援助交際相手のオヤジたちを「気持ち悪い」「キモイ」と表現し、性交をしている最中にはオヤジに対して「感情とかない」と話す。また短大生のユミとミカは、オヤジについて次のように語っている。

◎45・46……………………

筆者：（援助交際相手の男性を）どういうふうに軽蔑するの？

ユミ：なんか人間としてみてない。ケダモノ、ほんま「オヤジ」っていう変な動物。

筆者：オヤジは見るだけでも嫌？
ユミ：うん。わけわからんな、行動とか。
ミカ：気持ち悪い、「何考えてんの？」っていう感じ。

二人の短大生は「なんか人間としてみてない。ケダモノ、ほんま「オヤジ」って言う変な動物」「気持ち悪い」とこき下ろす。また「一緒の空気を吸いたくない」存在であるオヤジとの性交についても「マグロ」で応じている。たとえ性的快感があっても「オヤジごときに感じたくない」、あるいはたとえ感じたとしても「(感じたことは) あるけど、声は出さへん」と語っている。

かといって、こんな思いまでしてオヤジから手に入れた万単位の金銭は、服や鞄などの購入費や飲食代として一日か数日のうちで使ってしまう。ユミが言うように時給七、八百円程度の普通のアルバイトで「一生懸命しんどい思いをして」稼いだ「お金」は、援助交際で稼いだ「お金」よりも「ぜんぜん価値がある」から、大切に使うのだ。またユカリに一番大切なものを順にあげてもらうと、「友だち、兄、彼氏、お金」となり、ユカリのなかでは「お金」はそれほど高い位置を占めていない。また、オヤジとの援助交際に対して「後悔しない」という〈バイト系〉の女性たちは多い。その理由を一八歳の大学生であるマキのように「私は体を貸すだけ」や、ユカリのようにオヤジと性交しても「減るもんじゃない」からと話し、彼女たちは心と体を完全に切り離して考えている。

先ほどの少女の形成という観点から、〈バイト系〉の援助交際女性がいだくオヤジたちへの憎悪にちかい嫌悪について考えてみよう。彼女たちは少女の性的価値を十分に知りつつ、それに惹かれるオヤジたちをうまく利用している。だからこそ、性的なサービスの提供によって金銭を得る風俗産業の女性たちとはまったく異なって、マグロ状態でいても高額な金銭を得ることができるのである。彼女たちのいだく嫌悪は、自らの身体に〈少女〉という、若さや純粋さ、清らかさといった性的な価値を付与してきた男性たちや、そのような存在に彼女たちをつくりあげた社会そのものへの嫌悪である。それゆえに、彼女たちは援助交際で手に入れた金銭を大切にはあつかわず、憂さ晴らしの対象として浪費しているのである。

4　マス・メディアと女性の身体

本章では、援助交際に関するマス・メディアの果たした役割とその影響について論を展開した。マス・メディアの報道は〈擬似イベント〉として構築され、新たな援助交際を生み出していった。また、単なる成人男女間の売買春としてではなく、少女と成人男性との売買春として語られた。つまり援助交際報道は、現場的な事実に目をそらすかたちで、少女的な存在としての〈女子高生〉や〈コギャル〉の売春、売春的行為と、彼女たちを買春する中年男性という、非対称な構図を描くことに、終始してきた。その結果、援助交際とは「普通の女子高生がお金やブランド品を得るために、中年男性に体を売る」売春行為であるという、一般的な了解が形成されたのである。援助交際報道が加熱し、報道機関や読者・視聴者である一般大衆に受容された原因は、ニュース・ソースとしての援助交際のもつ価値にあった。その価値とは〈少女〉というカテゴリーがもつ意味である。

この少女を主体とする援助交際が、これほどまでに一般大衆の話題と関心を呼び、マス・メディアに頻出したのは〈少女〉という女性カテゴリーのもつ独特の価値にある。日本社会が近代化の過程のなかで制度上、十代の女性の一部に課した隔離と保護によって、子どもと成人女性との間に生じた真空地帯に、固有の文化をもつ少女が誕生した。少女は清純や無垢を体現することで、男性たちに、性的に彩られながらも禁じられた少女幻想を、性的欲望として植えつけたのである。この少女と、男性の性的欲望の非対称を埋めるかたちで登場したのが、〈バイト系〉の援助交際女性である。マス・メディアはこのタイプの女性を援助交際の少女として喧伝したのである。しかし、〈バイト系〉の女性は自分たちの身体に課せられた性的価値を利用するだけではない。身体を商品化することを誘い、なかば強制していくマス・メディアや社会の構造にのりかかりながら、彼女たちは、自分たちを買春する中高年男性たちへの軽蔑と、代償として得た金銭の浪費とによって、現代日本における性的男女関係の醜さやおぞましさを嘲笑し、マス・メディアや社会に対して反抗しているとも考えられるのである。

第五章　援助交際におけるジェンダー構造

1　性の商品化と売買春問題

1　性の商品化論

九六年一二月二三日号の米誌『News Week』アジア版の表紙写真をみてみよう。右手に「性感生ヘルス」の看板が見える、新宿歌舞伎町と思われる歓楽街の通りを、茶髪に白メッシュ、ミニスカートのセーラー服、ルーズソックスというコギャル・ファッションに身をつつんで歩くティーン・エイジャーの後ろ姿が写っている。この表紙にある「JAPAN'S DIRTY SECRET」という言葉の下には小さな文字が次のように並んでいる。「Schoolgirls Selling Sex: The New Teen Trade Raises Questions About the Country's Moral Values」。この記事では、当時、日本で社会問題化していた援助交際を女子高校生の流行としてとりあげ、原因を「てっとり早くお金をもうけたい」という性の商品化に求めている。このように、援助交際は性の商品化という側面からしばしば語られるが、はたして、この表現が適切なのだろうか。そこで本節では「援助交際とは性の商品化の一形式であるのか」という問題をとりあつかいたい。

性の商品化論は、基本的に、ジェンダー（社会的に構築された男女観）間に非対称性（差別）が存在し、男性によってかたち作られた社会によって女性が差別され、またモノ化され、商品としてあつかわれるという論点を保ち続けている。ここでの性の商品化とは「性にまつわる行為、情報が商品というかたちで金銭を媒介として流通すること」[1]を意味する。この「性にまつわる行為、情報」とは、性的身体に関わる行為や情報である。

そして性の商品化には、直接的なものと間接的なものがある。身体の性的な価値を高めるために人工的な操作がくわえられることが間接的な性の商品化であり、たとえば女性の化粧や美容、ダイエットは、社会から強いられているという面も指摘できるが、身体の性的価値を高めるために、コストをかけている点では、性の商品化と言えるだろう。それに対して直接的な性の商品化とは、性的身体に関する表象やサービスが金銭や品物の量によって交換されることをさす。これには二つの側面が存在している。(1)

一つは、性的表象の商品化と呼ばれる側面で、性的な身体を主題としたすべての映像や活字といった情報の商品化である。小説や漫画、写真、映像で表現されたポルノグラフィなどがこれに含まれる。

他方は、性的サービスの商品化である。これはサービスそのものと、サービスに関わるモノのとに分けられ、性的行為を補助するマスターベーション補助具や避妊具、媚薬などがサービスに関わるモノである。サービスそのものの商品化とは、身体を用いた性的な諸行為やコミュニケーションが他者にサービスとして提供されることである。性的身体が女性である必然性はなく、男性の身体もまた人によっては魅力を感じる性的身体となりうる。女性の身体に関する性的サービス行為をあげれば、女性器への男性器の挿入をする性交からフェラチオやストリップ、またクラブやキャバクラなどでの女性との飲食を提供するサービスをも含んでいる。

さらに性の商品化は、近代的な売買春の誕生と結びついている。これについて、性心理学者のH・エリスは、家族・結婚・恋愛の三つの関係について、社会学者のÉ・デュルケームの次の言葉を引用している。「中世に入って中流階級が勃興してきて、ものの考え方や行動が変化し、自由恋愛と結婚との間に厳格な区別がしだいになくなり始めていった。すると、中流階級の人々は自分たちの妻や娘を保護する必要に迫られ、そのためには、男たちの欲求を満足させるための別のはけ口をつくっておくのが安全であるということになり、規制した娼家を公認して、男の道楽心を売春婦による欲求の満足という方向へ向かわせるようになった」[2]。

そして、資本主義経済の成立とともに、売買春制度はより広範に、より強固なものとなった。大まかな見取り図を示してみよう[3]。産業革命が進展し、土地を離れて労働力しか売ることができない労働者階級が出現することで、男性たちが居住地から離れ、住居外で労働力を提供する。そのかわりに、配偶者の女性が主婦となって家内労働に従事する。このように近代家族の成立と資本主義経済は不可分に結びついている。主婦となった女性は家庭内にその生活圏を制限され、性交については、家族の再生産を目的とした生殖行為に位置づけられた。このとき男性にとって、女性との性交は生殖と快楽と二つの目的に分化する。主婦が家庭内で〈性＝生殖〉に従事すれば、家庭外に〈性＝快楽〉を提供する「売春婦」があらわれ、男性賃労働者に有償でサービスした。こうして性の商品化が成立した。もちろん、一八世紀の西欧をモデルとしたこの見取り図は、現代日本の状況に当てはまるものではないが、ここでは、性の商品化が資本主義経済の成立と近代家族の誕生とに密接に結びついていること、この影響によってセックスの目的が生殖と快楽とに二分化したこと、この二点を押さえておけばよい。

性の商品化にはさまざまな議論が存在するが、本章では、性的表象の商品化ではなく、性的サービスの商品化をとりあげる。ただ一つ指摘しておきたいことは「労働力の商品化」と対比して考えるならば、「性の商品化」という言葉は、性が商品とならないものという前提に立っている。その前提の供給源を性道徳に求めるとするならば、この立場から、「〈性の商品化〉は、商品化するというまさにそのことにおいて公となり、したがって性道徳に違反する。〈性の商品化〉は不道徳なのである」[4]という、性の非公然性の規準に依拠した道徳説が登場する。「〈性の商品化〉は〈人としての尊厳を害し、社会の善良の風俗をみだすものである〉から悪いのである」[5]。「性の商品化」には性道徳がつきまとうが、ここでは、この道徳的な立場をとらない。性道徳にかぎらず道徳は時代によって、ある社会現象に対してまったく異なる価値判断を下してきたし、今の性道徳が時代と地域を超越した普遍的なものであるという保証はどこにもないからである。むしろ、時代や社会によって、性道徳を含め道徳は変わりうる。

次に、性の商品化の事例としてしばしばとりあげられてきた売買春について論を展開したい。

2　近代社会における売春の成立

売春防止法第二条によれば、売春とは「対償を受け又は受ける約束で、不特定の相手方と性交すること」と定義されている。この条文から売春を成立させる三つの要件が導き出せる。一つ目は、なんらかの代償や見返りを得る、あるいはその約束をすること、つまり代償の存在である。二つ目は、不特定の相手という要件である。三つ目は、女性器に男性器を挿入する行為の存在である。

先にも論じたように、近代家族制度は成人女性に、主婦となって家内労働に従事することを要請するが、賃労働ではないため、配偶者の労働によって得た賃金で生活を送る。そして、家内労働には生殖という労働力の再生産も含まれているので、主婦もまた「対償を受け」ることで「性交」をしているとも考えられる。しかし特定の相手である配偶者の男性と性交をすることで、売春婦と区別される。(2) ここからも、女性を主婦と売春婦に二つに分化させる契機が資本主義経済と近代家族の成立にあることが推測できる。

そこで、異種同根とも言える主婦と売春婦の差異がまったく別物と考えられるほどに極大化してしまったのはなぜだろう。その理由の一つが、中世ヨーロッパで誕生した〈ロマンチック・ラブ〉と呼ばれる恋愛の制度化にあると、筆者は考えている。(3) ロマンチック・ラブは異性に対する強い情熱と感情的な結びつきを拠りどころとしている。この情熱は時・場所を問わず人を襲い、名状しがたい感情であるがゆえに神秘化され神聖視される。そして、何ものにも代えがたいものであるために、人格的に結びついた異性との一対一の男女関係を〈愛〉として称揚し、近代的な恋愛を成立させた。この恋愛制度と、特定の相手を配偶者とするという結婚制度は重なり合い、本来、代償を与え受けるという近代家族の一夫一妻の夫婦間の不均衡・非対称を隠蔽したのである。現在でも両性の愛を前提とした恋愛結婚が歓迎され、見合い結婚よりも価値あるものとされているのはこのためである。

この枠組みから漏れでた、代償を受け不特定相手と性交する女性は売春婦、代償なしに不特定相手と性交する女性は淫婦となって、近代家族制度を称揚する社会から排斥されるようになったのである。「奴隷が売るものは労働であるが、売春においては、性的交わりを売ることであるが、奴隷制より遥かに深刻である」[6]とされるのは「売春婦」に向けられる社会からのスティグマがあるからである。それは「娼婦になることは実はゆっくりとした自己破壊の形式である」[7]とされるように、行為そのものでなく、行為者の人間性や人格を非難する。しかし、近代家族制度＝家父長制の外にいる「売春婦」に向けられるスティグマは、妻や娘といった女性たちを性について保守的な態度を志向させ、その貞操を守る役割も担っていた。(4) したがって「売春は善良な女性を守った」[8]とされるのである。

3　ジェンダー間の非対称性と売買春

性の商品化を売春問題としてとらえる議論から、新しい議論が登場している。一つは女性の売春だけでなく、男性の買春もまた同様にとりあげようとする、ジェンダー間の非対称性から脱しようとする議論(5)であり、もう一つは売春など性的サービスに従事する者を労働者としてとらえ、彼女らの権利と尊厳を守るために運動をするという〈性労働（sex work）〉に関する議論である。本章では、性労働の観点から性の商品化について考察する。

性労働という視点は、性の商品化論のもつ、性を商品としてあつかってはいけないという観念に抵触する。資本主義経済の成立以来、労働力は商品化されることとなったが、性の商品化、ここで言う性的サービスの商品化は、近代を問わず古代社会にも存在してきたにもかかわらず、近代社会では公には許されてこなかった。性労働という観点は、性的サービスに従事する者を労働者として認め、その権利を保障することに主眼がある。現にイギリスやオランダ、ドイツなどでは、性労働者に対する法的な整備がなされている。

このような性労働者の出現に対して、フェミニストたちはまったく相反する立場をとっているようにみえる。性労働者を積極的に支援していこうとするグループと、性労働者自体を認めようとしないグループである。

性労働者を積極的に支援していこうとするグループにも、性労働者はジェンダー間の非対称性の犠牲者であり、女性がそうなったり、ならざるをえないのは、ジェンダー間に歴然とある経済格差や、それを生み出している性差別があるからだと主張している。たとえばそれは次のように語られる。

「売春させられている女性の姿がしだいに明らかになってきたが、それはポルノグラフィやマスコミが喧伝している嘘とははっきり異なっている。社会学者たちが証言するように、彼女たちは、ほとんど資産のない女性たちだ。ほとんどが貧乏で、性的暴行や強姦や虐待の経験者である」[9]。この記述では、自らの意志にもとづいて売春女性となったと主張する「ポルノグラフィやマスコミ」の「喧伝」は真実でなく、売春女性は「貧困」という経済的な状態や「性的暴行や強姦や虐待」という男性による暴力が原因となって、意志に反して売春を強いられていることが真実であるという主張になっている。男性や男性中心に形成された社会が、女性に売春をさせているという主張である。

同じ社会学者として、まったく異なる事態を例示する。それは「貧困」や男性による女性への暴力・搾取ではなく、自らの意志で売春することを選んだ女性たちの存在である[(6)]。彼女たちが売春を選んだ理由に、多額の報酬の存在は否定できないが、それ以外の理由も存在する。たとえば、元AV女優であり風俗嬢でもあった女性は、日中は定職に就きながらも、夜間や休日に自らの意志で風俗嬢となっている女性たちへの詳細なインタビューをしている[10]。風俗という仕事は昼間の仕事では得ることのできない何かを、彼女たちに与えている。それは、性的な快楽とは異なった、性労働のなかでしか得られない種類のコミュニケーション的な快楽であったり、心理的な安定感であったりする[(7)]。

筆者は、援助交際を経験した現風俗嬢や元風俗嬢にもインタビューをしている。五八人中九人が風俗産業で働いているか、いた経験をもつ。このうち、借金があると話したのは三人である。そうした経済的な理由のために短期間に大金を稼げるという風俗嬢となった女性ももちろんいる。しかし、ここでとりあげるユミのように、昼間のOLと、夜の風俗嬢との二つの顔をもつ女性も存在する。ユミには援助交際の取材ではなく、別件でインタビューをしている。取材当時、彼女は両親と同居し、専門学校卒業後から勤めている会社で事務職を続けながら、週末の金・土・日に、キャバクラやファッション・マッサージ(8)、ソープランドなどで長年働いている。彼女に、なぜこの種のバイトを続けているのか、その理由を尋ねてみた。

筆者：なぜ、そんなに長く夜のバイトを続けているんですか？

ユミ：ファッション・マッサージはもともと男に（フェラチオが下手だと）なじられたのが原因で、ソープ（ランド）は友だちが行きだして、（中略）話とか聞いて「あっ、面白そう」と思って。

ユミが風俗嬢として働くことについては、経済的な動機よりも、性的な行為のテクニックを磨くためや、好奇心に駆られてというように、彼女自身の個人的な動機の方が強い。ユミのような動機で風俗嬢となって、性労働をする人が何人いるかはわからないが、経済的な理由が存在せず、また性労働を第三者に強要されていない女性たちが存在しているのも事実である。

また取材時にソープランドで働いていたミヤは、女性としての自分を確認するために、最初に援助交際をした。その後、ＯＬ時代に借金ができて、ファッションヘルス、出張ヘルスを経験した女性もいる。同じ風俗業種でも、彼女によれば、ファッションヘルスは「快楽マシーン」としてあつかわれたために嫌であったが、男性一人を二時間相手するソープランドは自分に合っていて、楽しいと語っている。

◎71……………………

ミヤ：でも、風俗やっている時（の自分）はけっこう好きなんですよね。

筆者：そうなの？

ミヤ：うん。自分がやりたいことを、人から何と言われようとやっているところが好きですよ。普通の会社員で、会社の愚痴を言いながらやっている時はすごく自分のことが嫌いでした。

ミヤは、自分のOL時代と比較しながら、今のソープランドの勤務に関する満足感を語っている。彼女のように、OLと風俗嬢を比較して、風俗嬢であることに喜びや誇りを見いだす女性もいる。

次に、援助交際がもつ性の商品化の側面について考察をしたい。

2　援助交際における性の商品化

まず最初に、他の商品と比較することで〈性の商品〉のもつ特殊性を考察してみよう。商品とは貨幣的価値（価格）が付与され貨幣交換（売買）の対象となるモノと、ひとまず考えておこう。そしてモノには、買う主体の欲求にもとづいた〈買う〉意志が存在し、またモノの所有者である売る主体の〈売る〉

意志が存在したうえで、貨幣によって値段がつけられ、商品となる。ここで言うモノが食品や電化製品ならば話は簡単なのだが、生きた人間の身体となると事情は異なってくる。〈性の商品〉は、買う主体のもつ性的欲望が、対象となる性的身体を、金品と直接的に交換可能なかたちで顕現したときに誕生する。なんらかの性的欲望に対して、それを充足するために、金品を支払う・受けとることが可能ならば、誰もが直接的な性の商品化をすることは可能である。しかし誰もがそれをするわけではない。性の商品化が可能になるには、公娼制度のもとで公然とされてきたような、人身売買による強制がない場合を考えれば、欲望の対象となる身体の所有者の売る意志が存在しなければならない。

援助交際は売春であるのか、という議論についてもう一度ふれておきたい。第一章で詳述したように、援助交際の行為内容には性交だけでなく、さまざまな性的行為が含まれる。筆者が直接に耳にしたかぎりでは、食事やカラオケを一緒にする、下着や裸体を見せる、フェラチオや身体を触るといった性的行為から、はては男性のオナニーを見たり、もし男性がM（マゾヒスト）ならば殴るといった身体的暴力をくわえるような行為までを含んでいる。したがって、「わかってほしい〈援助交際〉は〈売春〉だと」[11]という新聞記事は事実を伝えるには十分ではない。

「援助交際とは、管理や強制なしに、ある人が金品を代償に、他者の性的な部分を売買することを前提として成立するコミュニケーションである」と定義したように、援助交際は、金品と性的な部分を交換する経済行為でもある。その際、それは性的なサービスの売買という形式であらわれる。性は身体を経由して、性的行為として可視化され、性的サービスの形式で売買される。同じように賃労働は、労働そのものは売買されないが、身体を経由して、労働力として売買される。

では、商品化について性と労働は何が異なっているのだろうか。ミナホはお金を得ることについて、労働と援助交際とを比較してこう語る。

◎55……………………

筆者：援助交際をして、自分を傷つけているとかダメにしているとか、そういう感じはない？

ミナホ：ないです。それは私は私だから。結局、入れものでしょう、体は。結局、その体をどういうふうに使っているかだけだから。結局、お饅頭をつくってその時間労働するのも、体を売るのも、結局は一緒やと思っているから。それを社会的にどう言うかは知らないけど、私の感覚のなかでは一緒です。

この言葉からうかがえるように、性は売買されてはいけないという信念をもたない人々にとって、身体を労働のために使用するのも性交のために使用するのも同一であり、「性の商品化はいけない」とする言説は無効である。では、援助交際はなぜ非難されるべき事柄なのだろうか。このことについて、ミナホに尋ねてみた。

◎55……………………

筆者：援助交際をやっていることは、悪いことだと思いますか？

ミナホ：社会通念的には悪いことだけど、個人的に言えば悪いことじゃないと思います。

筆者：その理由は？

ミナホ：両者が結局は和解したうえでやっていることだから。結局、法律で禁止されているから悪いことっていうだけで。

筆者：でも、男の人がお金を払うんですね？

ミナホ：それは当然の結果としての報酬ですから。

筆者：当然というのは？

ミナホ：こちらは肉体を与えたんだから、当然の報酬。そうじゃないと、誰がHします？

ミナホにとって、援助交際は「個人的に言えば悪いことじゃない」が、「社会通念的には悪いこと」であり、また「法律で禁止されているから悪いこと」でしかない。社会学者の橋爪大三郎は、売春が悪いとされる具体的な根拠は存在せず「排除されるからこそはじめて、売春は邪悪なものだったことになる」[12]という見解を示しているが、ミナホの発言もこれとパラレルである。そして、「両者が結局は和解したうえでやっていること」という男女間における二者間の自由意志の問題は、橋爪が言うところの（管理）売春が援助交際と異なる点である。

最後に、援助交際が性の商品化であるか否かについて言えば、先に援助交際を定義したように「ある人が金品を代償に、他者の性的な部分を自主的に売買すること」で成立する以上〈性の商品化〉である。性そのものは売買できないが、身体を経由して、性的サービスのかたちで売買することはできる。しかし管理売買春と異なって、管理や強制のない援助交際は、制約されない自由なコミュニケーションと性的サービスを売買している。この違いは大きい。

次に、この自由意志の問題について考察を展開してみよう。自主的に、つまり自らの自己決定によって、女性たちに、援助交際をすることを選択させているものは何であるのかについて考えてみたい。

3 性的承認

1 援助交際女性の自己決定と性の商品化

援助交際と性の商品化についての本章の見解は、援助交際は性の商品化の形式の一つであるということにある。ただ援助交際は男女の自由意志によって選択される行為であるがゆえに、管理売春とは異なった様相を呈している。

フェミニズム理論は、その長い歴史のなかで、女性が社会のなかで男性と対等な立場で、能動的な主体として社会生活を送ることができると主張してきた。この文脈から、性的表象の商品化と性的サービスの商品化に二分される性の商品化は、女性の尊厳を傷つけ、男性が女性を従属させ、女性の主体性や自己決定を損ない、社会における女性の活動や生活の空間を限定するものであると考えられてきた。しかし援助交際においては、女性が自らの意志で、男性と対等な立場で、売買春に参入している。この事態について、次のような記述が参考となる。「〈援助交際〉が〈売春〉とちがうのは、彼女たちが〈商品〉でないからです。〈商品〉は客を選びません。彼女たちは〈客〉を選ぶ一種のフリーランスの自営業者たちです」[13]。

援助交際女性は、相手の男性を「客」と呼ばないし、相手を選ぶことができる。テレクラや伝言ダイヤルなどの電話回線上で話をする段階において、さらには男性と会う段階においても、女性は男性を選んでいる。援助交際に関わる男女の多くは次の二つの基準で、相手を選別している。一つは、金額や行為内容が自分の希望と合うかどうかという性的サービスの提供に関わる効率性の基準であり、もう一つは相手の心身が生理的・性格的に自分の心身に合うかどうかという適合性の基準である。上野は、商品には客を選ぶ権利がないから、客を選ぶことのできる援助交際女性は商品ではないと主張する。

しかし援助交際女性は、彼女の性的な何か、それは性的魅力や裸体や性的行為など何であってもよいが、それを男性にサービスとして提供し、金品を受けとっている。そして、買春の意志をもつ男性という枠のなかで、自分にとってふさわしい相手を選んでいるに過ぎない。援助交際男性にとって彼女らが商品であるように、彼女らにとっては、援助交際男性もまた、金品を与えてくれる商品となっている。つまり援助交際に関わる男女は、相手への限定された選択権をもった商品なのである。

援助交際が性の商品化論に対して新しい論点を提示できるとするならば、上野が指摘したことではなく、第一章2―2で論じたように、援助交際女性が客である男性と対等な主体性、自己決定権を把握しているということなのである。このことは、性の商品化によって女性が男性から搾取され、劣位におかれているとする、従来の見解を改めさせる。

2　援助交際における承認の付与

第二章で詳述したように、援助交際女性を動機と行為の帰結から分類すると、効率追求型〈バイト系〉、欲望肯定型〈快楽系〉、内面希求型〈欠落系〉の三つである。さらに〈欠落系〉には〈AC系〉と〈魅力確認系〉の二つのサブカテゴリーが存在した。

そこで考えたいのは、援助交際という性の商品化の形式が彼女らに何をもたらしているかという問題である。〈バイト系〉の女性にとっては、援助交際は効率のいいビジネスで、アルバイトに位置づけられる。この類型では自らの性的身体を商品化している。しかし内面希求型である〈欠落系〉では、単なる金品を得る手段として援助交際を位置づけていない。彼女たちにとっては、金品という物質的なものや性的な快楽を得るよりも、彼女たちが承認（approval）を得る機会として重要である。

◎62……………

筆者：（先に言ってもらった）援助交際した理由、お金が欲しい、（職場の人間関係におけるトラブルに

対する）あてつけ、自分を女性として認めて欲しいという承認欲求のなかで、どれが一番大きい？

シホ：認めて欲しいっていうことが一番大きいですね。

シホのように、援助交際をする理由として金銭を得ることよりも、女性としての承認を得ることに重きをおく者もいる。〈欠落系〉の女性は、当初の動機が何であれ、帰結として承認が得られたと語る女性たちである。

ここで承認とは、援助交際における性的な行為やコミュニケーションによってもたらされ、他者によってなんらかの価値ある人間存在として認められることである。社会学的には、コミュニケーション過程における理解の概念や社会的認知（social recognition）に類似している。しかし、コミュニケーション過程における理解とは、送り手の情報伝達における伝達内容を受け手が了解するという意味で、ここで言う承認とは異なる。

社会学において古くから使われている社会的認知は、社会との関係において個人のもつ四つの欲求（desire）の一つで重要とされる。それは新しい経験を求める欲求、認知を求める欲求、支配を求める欲求、安全を求める欲求、の四つである。[14] 筆者は、承認と社会的認知との違いについて、次のように考えている。

その違いはこれら二つの経験を経た個人の存在の仕方にある。承認が人格的な関係において、他者をとおしての新しい自己の発見や自己の変容という意味合いをもつが、社会的認知は他者をとおして、社会のなかで役割を担った存在としての自己を確認、再認識するという意味合いをもつ。そして個人に対して、承認は自己肯定感を、社会的認知は集団や社会への帰属感をもたらす。承認が自己を変容させるのは、情緒や感情に働きかけることで、単に個人の一部分を認めるのではなく、そうすることによって、個人の存在のあり方をも認め、肯定することができるからである。このため承認は、個人のおかれた状態や関係する他者によって限定され、いつでもどこでも誰にでも、承認を与えることができるというものではない。それゆえ、社会的認知が一般的な文脈で与えられるものであるのに対して、承認は特定のコミュニケーションの文脈において与えられる。ここでは援助交際という特定のコミュニケーションの文脈で考察している。

承認のもっとも基本的な形態は、精神分析家E・H・エリクソンによって命名された〈基本的信頼(basic trust)〉である。それは、乳幼児が泣いたり叫んだりして求めている欲求を母親が満たしてやり、微笑んだりあやしたりすることによって、乳幼児に承認が与え続けられる状態のことであり、人間の安定した情緒をかたち作っていく。この承認が欠けると精神的な障害の原因となると考えられている。承認は他にも、友人として認められ仲間になることや、異性から魅力的だと言われること、組織において部下が上司から有能であると誉められることなど、特定のコミュニケーションの文脈において与えられる。

援助交際における承認の付与は、〈欠落系〉において顕著にみることができる。前述の二つのサブカテゴリーにそってみれば、〈AC系〉では、他人から一人の人間として必要とされる、あつかわれるという承認で、これをエリクソンにならって〈人格的承認（personal approval）〉と名づける。もう一つの、〈魅力確認系〉では、性的な他者との間で与えられる承認である。これを〈性的承認（sexual approval）〉と名づける。性的な魅力があること、性的価値をもつことを、他者によって認めてもらうことを意味している。そして、それは当人が性的な存在として欲望するジェンダーから供給される。たとえば、ヘテロ・セクシュアルの女性は男性から、またホモ・セクシュアルの女性は女性から、性的承認を付与される。

◎26……………………

筆者：彼氏だけの生活に欠けてて、（援助交際に）なんかあるかなと思って。
アキ：う～ん、もてはやされることかな。
筆者：（それは）女性としてあつかわれると言うか…
アキ：そうそう、だから彼氏とでもあつかわれるけど、（援助交際であつかわれるみたいに）そこまでチヤホヤしてくれへん。なんかすっごいチヤホヤされているから。
筆者：言葉としてはどういうのがあるの？
アキ：う～ん、「すごい、気に入った」とか「ほかの子とはぜんぜん違う」とか、そんなのいっぱい言われるし、あとまぁ、私は自分の身体にコンプレックス（を）もっているから、う～んと、そんなこともぜんぜん平気っていう感じの話しもするし、あとそうやな、やっぱり「かわいい」とか言われたら、うれしいし、う～ん、そうやな、どうやろう、やっぱ、もてはやされて、で、それを演じている自分

がいてるから、それも楽しいかもしれん、よく考えたら。

アキには「メッチャ好き」だという「彼氏」がいるが、彼氏から「女性としてあつかわれる」ことだけでは満足できず、他の男性から「もてはやされ」たり、「チヤホヤされる」ことが必要なのだと言う。女性にとって、自分が女として男性から見られ、あつかわれることは重要なことであるが、そこには微妙な問題も含んでいる。[9] フランスの女流作家S・ボーヴォワールは次のように記している。「男性の目は彼女を喜ばせ、同時に傷つける。娘はこちらが見せる限度内でしか見られたくない。目はいつも鋭すぎるのである。そこから、男を困らせる矛盾が生じる。彼女は頸筋や肩を露出し、脚を見せびらかすくせに、見られたとなるとぱっと赤くなり、腹を立てる。男性をそそのかすのがおもしろいのだが、相手のなかに欲望を生じさせたことに気づくと、嫌悪の念とともに身をひく。男の欲望は賛辞であるとともに侮辱というわけ」[15]である。

性的承認は、金品の介在しない性的な関係でも得られる。通常の夫婦関係や恋人関係においても、女性は男性に、男性は女性に、相手が性的に価値があることを伝達しあう。しかし援助交際においては、承認は異なった形態で与えられる。第一章で、援助交際が売春と異なる点として、買い手が売り手を選ぶ関係性から、売り手が買い手を選ぶ関係性への逆転があると記述したが、もちろん男性もまた、援助交際相手となる女性を選び、承認を与えている。これまでテレクラを利用して三〇、四〇人と援助交際をしていると話す男性は、今までに会った段階で、自分が女性側から断られたケースが一回なのに対して、相手をパスしたのは一〇人に三人ぐらいの割合だと語っている。選択の基準について尋ねてみると、「もちろん、顔ですよ、スタイルとね」と返ってきた（◎63）。

また二八歳のチエは取材時まで恋愛が成立したことがなく、性交の経験もない。したがって、援助交際といっても、男性と食事をしたり、お茶を飲んだりするだけである。チエにとっては、援助交際において男性が女性として自分をみる、あつかってくれることがとても重要だと語る。そのことによって、彼女は女性の部分を肯定され、自分自身に自信をもつことができると話す。

◎24……………………

チエ：（中略）あの、（私は）好きじゃない人から思われるという感じのタイプだったもんで、恋愛が成立したことがなかったもんで、自分に自信がもてないんですよね。だからまぁ、お愛想でも「かわいい」とか言ってもらえたりするのがすごくうれしかったりするということが……。

筆者：男の人から、女性として見られるっていうことを求めているんですかね？

チエ：そうですね、はい。

チエにとって援助交際は、性的承認を得ることができるコミュニケーションなのである。

援助交際においては、男女の誰もがその相手を見つけることができるわけではない。とくに、女性は顔かたちやスタイルの善し悪しといった点において、男性から評価、選別されることが多い。たとえば、先に登場したミナホは、次のようにして自分の性的価値をはかる。

◎55……………………

筆者：（援助交際で）自分の魅力を確認するという側面はありますか？

ミナホ：結局、（自分の値段が）四万（円）やったら、四万払う価値（が）あると、（相手が）言ったら、あー、私、よかった、四万の価値（が）ある人だとか（思う）。

ミナホは、身体を計量可能な価格に置き換えることによって、通常、言葉や行為によって伝達される性的承認を得ている。この場合の性的承認は、金銭や品物というかたちで、直接的に与えられている。もちろん、援助交際においても、通常の性関係のように「かわいい」や「きれいだ」という言葉によっても、抱きあうことや性的快感を得たり与えるといった行為によっても、性的承認は与えられる。

援助交際は性の商品化の形式でありながら、自らの性を性的サービスのかたちで売買するために、通常の性関係では与えることのできない性的承認を、金品やコミュニケーションをつうじて与えることができる。このことが、援助交際における性的承認の有効な点である。

3　ジェンダーの非対称性がもたらす逆説

援助交際における性的承認の議論は、これまでの性の商品化論をジェンダー間の問題としてとりあげ、男性を加害者、女性を被害者とする図式を逆転させ、男性を加益者、女性を受益者とする。

この視点から、これまでの性の商品化論が前提としてきた、性関係や性的行為に関する限定された見解があらわれてくる。それは性に対する一面的な見方である。性的行為を性交に限定すると、性交には次の三つの側面が存在する。一番目は生殖としての性交であり、二番目は快楽としての性交であり、三番目はコミュニケーションとしての性交である。一番目の生殖としての性交は近代家族の夫婦間の間で労働力の再生産としてされる。

性の商品化論は二番目の快楽としての性交に焦点を当て、男性のみが性的快楽を独占し、女性は商品として強制もしくは従属させられているために性的な快楽はない、たとえ与えられたとしてもそれは不完全で歪められたものであり、女性が性的快楽を得るのは商品化されない対等な男女関係のなかでの愛情にもとづいた性交のみであるという考えをもっていた。しかし、たとえ金品を代償にする商品化された性交であっても、風俗嬢と呼ばれる性労働者や援助交際女性は満足できる性的快楽を得る場合があると語っている。[16]

そしてこれまでの性の商品化論にまったく欠けていたのが、三番目のコミュニケーションとしての性交という側面である。性科学者の石浜淳美は「セックスは、人と人とのコミュニケーションであると同時に、情緒安定の行為です」[17]と述べている。コミュニケーションとしての性交は、当事者たち、とりわけ女性に、情緒の安定をもたらす。なぜなら、女性が男性の視線によって美しさをはじめとする性的魅力によって評価され序列化される社会において、自己の女性性や性的価値に対して不安をもつ女性は、情緒安定への一つの手段として性的承認を求める傾向が強いと考えられるからである。つまり性的承認という視点は、これまでの性の商品化論が男性における快楽取得の手段としての性交に焦点をあてて論を展開していたのに対して、男女双方に対する承認の付与を可能にするコミュニケーションとしての性交に焦点を定めている。

これまでの性の商品化論が男女間の非対称性を加害—被害という関係でとらえていたのに対して、本章では男女間の非対称性が存在しているからこそ、承認が与えられるという論理を提示する。したがって、「最近の高校生などの〈援助交際〉も主婦売春とあわせて、現代資本主義が個人の欲望をコマーシャルなどによって外部から極限的に肥大させることによって生じる買売春現象であって、貨幣の物神化が生み出すものであるという意味ではコマダムの登場と本質的には寸分の違いもない」[18]という記述は、援助交際と性の商品化との関係において一側面しかみていないことになる。この記述は、〈バイト系〉の女性たちには該当するだろう。しかし、残る三つの類型には該当しないので、この議論は援助交際を語るうえで不十分である。本章では援助交際を題材に、性的サービスの売買という視点だけでなく、性的承認という視点を導入することで、性の商品化に対する新しい論点を投げかけている。

性という領域は、猥褻という言葉があるように、公的な領域から閉め出され、近代以降の社会生活における隠れた部分を担ってきた。性は表だったコミュニケーションの話題にはなることが少ないので、私秘化され、個人化される。個人化されているがゆえに、人によって性に関する自明性＝認識が大きく異なっている。ある人にはノーマルで当たり前の事象が、別の誰かにはアブノーマルで受け入れがたいこととなる。このように性は現代社会において個人を考察するときの重要な題材となる。そしてこの個人的な領域を考察することで、個人的なものを構成する社会的なものが逆照射され、浮かびあがってくる。

性的・人格的な承認を求める援助交際女性が出現したように、現代社会の売買春は、これまで性の商品化論が提示してきた一つの論理では理解できなくなっている。根本的なジェンダーの非対称は解決されないままとしても、この新しい動きが売買春の現場に登場したことは、注目すべきことである。

第六章　匿名的な親密さと援助交際

1　社会現象としての匿名的親密さ

1　知らない人だから話せるコミュニケーション

援助交際のフィールドワークをしていくなかで気づいたことは、現代社会におけるコミュニケーションの変化である。その変化とは、援助交際をしている当事者、主に女性たちが気軽にとはいかないまでも、かなり簡単に面接インタビューに応じ、待ち合わせ場所に約束通りあらわれ、ときには二時間以上も一対一で応じてくれることである。しかも、その内容は形式的なものではなく、怒りや悲しみ、笑いといった感情豊かな、共感に満ちたものが多く、終わりには、インタビューアーである筆者が感謝されることも少なくなかった。筆者のインフォーマントたちは、彼女・彼らの日常生活とはなんら接点をもたない筆者との、たった一回きりの関係だからこそ、知人、友人、肉親には打ち明けられない、話題にできないようなことを、自ら進んで話したように、筆者の目には映った。(1) この社会関係の形式は、電話風俗において、電話回線をつうじて話しただけの男女が現実に会い、金品の媒介の有無にかかわらず、性交にいたる現象にも関連しており、また援助交際におけるさまざまなコミュニケーションを可能にしている。この章では、援助交際におけるコミュニケーションの多様性と、現代日本社会におけるコミュニケーションの変化とを関連づけて考察する。

九八年暮れから翌年にかけて、インターネットと伝言ダイヤルを媒体として生じた二つの事件が新聞やテレビなどのマス・メディアを騒がせた。一つは、自殺願望をもつ女性がドクター・キリコと名のる人物の主宰するインターネット上のホーム・ページから購入した毒物によって自殺を決行し、さらにその売り手であった当人も自殺した事件[1]、もう一つは男性が伝言ダイヤルで知りあった女性に、睡眠薬を飲ませて金銭を盗み野外に放置して凍死させた事件[2]である。これらには、インターネットやテレコミ(テレクラや伝言ダイヤルに代表される電話回線によるコミュニケーション)などの匿名的なメディアのもつコミュニケーションの特殊性と危険性が議論を呼んだ。それは、今まで会ったこともない人物に自殺の相談をしたり、互いの素性も知らない状態で相手のことを信用し、薬物を飲んだり性交にいたってしまう点にあった。つまりこの二つの事件を契機に、個人の匿名性が保持されたままで親密なコミュニケーションや性交をする人々が少なからず存在することが明らかになった。

社会的に問題となったのは、これらの事件によって死者が出たからである。しかし、この背景には「知らない人だから話すことができる」といった感受性をもつ個人が相当数存在しているのである。

現代日本社会において個人は、どのようにして「知らない人だから話すことができる」という感受性を形成してきたのだろうか(2)。これには性や犯罪、病気、死といったタブーにかかわるようなある種の話題が家族や友人といった親密な関係を形成した人々に話せない、話しにくいという側面が指摘できる(3)。イズミは、愛人関係にある男性にとって、彼女とのコミュニケーションが一種の心理的・感情的なカタルシス（浄化）をもたらしていることを指摘している。

◎64………………

筆者：その彼（愛人の男性のことを）にとって、奥さんではダメなの？

イズミ：と思うんです。そういうのってありません？　近すぎるから言えないとか、コイツに心配、逆に言うと愛しているから奥さんには言えないとか、弱味見せられないとか、いうのを。私だったら、彼の友だちも知らない、両親も知らない、家族も知らないから、全部言えたりする面って、あるじゃないですか。誰にも漏れないし、だから一種の憂さ晴らし的。

本章で問題としているのは「親密な相手には話すことができず、知らない人だから話すことができる」という事態である。一般常識的には、相手がより人格的に親密であればあるほど、コミュニケーションの内容は濃密になるとされている。これを前提として考えると、この「親密な相手には話すことができず、知らない人だから話すことができる」という問題を考えることは異なった二つの考察を要請する。一つ目は他者への信頼が不十分であるがゆえに、十分に親密な関係が形成されていないと考える立場であり、二つ目は他者への信頼が存在し親密な関係は形成されるが、そのことは以前のようにコミュニケーションの全面的な開示をもたらさないとする立場である。

前者の立場として、W・ボガードの議論を援用する。彼は、親密な関係とコミュニケーションにおける全面的な自己開示が順相関しないことの原因が他者への信頼の欠如にあり、その根本には個人のプライバシー（私的領域）の拡大があると考えている。彼はS・ノックの議論を受けて、「若い人たちが伝統的な家族構造から解放されることで、実際には私的領域は拡大し、信頼の根本的な危機をうみだしている。プライヴァシーが拡大しすぎ、社会関係のなかで信頼を築けるほど親密になれない」[4]と述べる。ボガードの議論は伝統的な家族構造の崩壊によって、プライバシー（私的領域）が拡大し「社会関係のなかで信頼を築けるほど親密になれない」と考えている。

しかしながら本章では、ボガードとは異なり、親密な関係になればなるほどコミュニケーション内容は深まるという前提そのものが変化したという、後者の立場に依拠している。その理由は、ノックとボガードの議論が、現代社会における役割関係の多様化によって個人がいくつもの顔をもたざるをえず、公的な部分と私的な部分との乖離が顕著になってきたことを考慮に入れていないからである。したがって、本章においてノックとボガードの議論に賛同する点は、伝統的な共同体の崩壊と私的領域の増大という二点である。筆者は、役割関係の多様化による公的な部分と私的な部分との乖離によって、コミュニケーションが変容したと考える。現代社会において個人は匿名性ゆえにコミュニケーションの自由を獲得すると、筆者は考える。

2　匿名メディアの使用における利点

匿名メディアとは、コミュニケーションをしようとする者の、容姿や素性を相手が知ることができない、利用者のプライバシーが保護されているメディアのことである。代表的なものに、インターネット、テレクラ、伝言ダイヤルなどがあり、これらは八〇年代後半から九〇年代に発達している。

各メディアには固有の特性やコミュニケーションが存在する。電話風俗の代表格であるテレクラを例に取れば、このメディアは独特のコミュニケーションを生み出している。テレクラは「電話って、相手の顔を直接見ないで話すから、結構、自分の心のなかを、本音で話しちゃえる、不思議な関係ですよね」と記述されているように、電話というメディア特有の親密性を利用して、性に関するコミュニケーションを成立させている。匿名メディアを利用することの利点の一つは、個人の日常生活における社会関係の範囲内では知りあうことが困難な他者に出会うことができる点にある。そして、他者に出会うことにかかる、金銭・時間・労力といったコスト面でも比較的安価なことがあげられる[4]。また匿名メディアを利用すれば、どこの誰とは特定されずに人々は自己の願望や欲求を充足できる。それゆえに、社会的責任や法の拘束を逃れることも可能となる。

3　匿名的な親密さ

この種の匿名メディアを介して出会った男女の間にはどのようなコミュニケーションの特性がありうるのだろうか。この特性を、本章では「匿名的な親密さ」と名づけてみよう。匿名的な親密さとは、人格的な信頼が両者に存在している通常の親密さとは異なっている。匿名メディアを介して出会った男女は、互いに相手の人格や社会的履歴はもちろんのこと、本名すら知らない。しかしコミュニケーションにおいては、ある種の親密さが生じる。

通常、人格的に信頼しあう関係では、両者がさまざまな考えや思いを披露しあえるというコミュニケーションの自由さがあると考えられがちであるが、実は必ずしもそうとはかぎらない。人格的信頼があるからこその不自由さもある。たとえば、インタビューした摂食障害や援助交際の当事者たちはこの種の不自由さを経験している。深刻で一人で解決できない事柄について他者とのコミュニケーションを意図したところで、人格的な信頼にもとづいた関係では、かえって話すことができないという。それは、コミュニケートすることで、関係そのものが壊れたり変質してしまう可能性が潜在しているためである。匿名的な親密さとは、この人格的な信頼関係の不自由さのもとに、匿名的であるがゆえのコミュニケーションの自由さをあてにしている。

つまり、匿名的なコミュニケーションの特性とは以下のように考えられる。匿名性の仮面のもとにされるコミュニケーションには、人格的な信頼にもとづくコミュニケーションや、上司—部下や先生—生徒といった役割関係にもとづくコミュニケーションとはまったく異なる側面があらわれてくる。互いが匿名であるという状態は、素性や所属を明らかにしないために、社会関係の継続を生じさせない。つまり匿名的な存在であることが相手への気遣いや遠慮を排除し、無道徳（immoral）ではなく脱道徳的な（non-moral）状況をつくり出し、コミュニケーションの自由度を高め、自己開示にいたらせる。(5) この匿名的なコミュニケーションによって生じる自己開示を、社会学者のG・ジンメルは〈告白的共感（confessional rapport)〉と名づけている。そこではある種の親密さが生じることで、家族や友人、あるいは公的な場面においてタブーとされる話題、性や犯罪、病気、死といった事柄についてのコミュニケーションが選択される機会が多いと考えられる。この親密さが匿名的な親密さである。

現代社会における匿名的存在として、ストレンジャーをとりあげることができるだろう。次節では、ストレンジャーについて考察を展開してみよう。

2　ストレンジャーの系譜

1　ストレンジャー

他者類型を相手のパーソナリティの認知度によって分類してみると、よそ者（stranger）、知人（acquaintance）、友人（friend）、親友（intimate）という四つの段階が考えられる。これにしたがって、本章においては、ストレンジャーという概念をよそ者という意味で使用する。よそ者には二つの含意がある。一つは理解できない者として外見的にも内面的にも認知していない、できない意味での異文化としてのストレンジャーである。このタイプのストレンジャーは共通言語をもたないためにコミュニケーシヨンがとりづらく、異文化を背景としている。もう一つのストレンジャーは、共通言語を用いてのコミュニケーションはできるが、異なる集団に属している文化的差異としてのストレンジャーである。本章において対象とするのは後者のストレンジャーである。前者のストレンジャーは主に、文化人類学的なフィールドワークの対象となる。

ストレンジャーは、前近代社会にも存在したが、近代社会のなかで日常化する。親密で対面的な結合と協同とによって特徴づけられている集団の社会関係、つまり血縁、地縁などで結ばれる人格的な関係を特徴とする一次的な社会関係が弱体化し、役割関係を主とする、非人格的（impersonal）で二次的な社会関係が優位になる社会状況では、ストレンジャーはありふれたものとして日常化する。考えてみれば、都市という社会空間に参入した個人はそこで出会うすべての人の名前や人格について知っているわけではない。

つまり、「あらゆる人びとが、相接し相交わりながら、互いに未知であるというところに、都市生活の特徴がある」[6]。都市という社会空間においては、人々は対面的かもしれないが、人格の交流はなく、非人格的な関係を保ち、この意味においてストレンジャーである。ゴッフマンが明らかにしたように、都市という空間に参入する個人は「儀礼的な無関心」という作法を身につけ、互いが互いの人格を傷つけないように常に注意を払っている[7]。たとえば、都市空間において、正面から通行人の顔をじっと見続けながら歩み寄ることは不作法とされ、トラブルの元となるだろう。一次的な社会関係が人格的な信頼にもとづくとするならば、二次的な社会関係は社会という制度や仕組みへの信頼にもとづいている。この信頼をN・ルーマン[8]とギデンス[9]にならって、〈システム信頼〉と呼ぼう。

「大都市の大部分の人びとは何か大きなホテルで生活している人びとのように、互いに顔を合わせるが相手がどんな人かを知らずに生活している。その結果、より小さな地域社会にみられるような親密で永久的な結合は、偶然的・因果的関係へと変化する」[10]。このとき、システム信頼とはこの「偶然的・因果的関係へ」の変化に対する個人の社会的な振る舞いに指針を与える基盤となる。二次的な社会関係が優位な空間においては、個人間の人格的な信頼ではなく、役割や制度といった社会的なシステムへの信頼を、行為主体である個人はあてにする。ストレンジャーとは都市という社会空間において、個人の名前や人格が必要とされず、匿名的な個人として振る舞う「一般化された他者」の呼称である。そして、都市という社会空間において、この匿名的な振る舞いを可能にし、根底で支えているものとは、社会の制度や仕組みへのシステム信頼であると考えられる。

2　ストレンジャーとのコミュニケーション

ストレンジャーが社会学的に重要な理由は、その存在自体が、自己と同じような存在でありながらも、私や私たちの集団内の存在（仲間）とは異なる存在である事実によって、既存の集団や規範が与えている私という個人のもつ同一性を揺さぶるからである。ジンメルはこのストレンジャーが与える距離感を近くて遠いと表現している。ストレンジャーは、血縁や地縁など一次的な社会関係にもとづく集団においては、共同体に来訪する異人やまれ人である。そのような人々の多くは、商人や旅人であった。近代社会が生み出した都市的な生活様式は、二次的な社会関係を要請し、ストレンジャーは日常化する。

ストレンジャーの特徴として、ジンメルはストレンジャーが「近くて遠い」存在であるため、客観性をもたらすことを指摘している。A・シュッツはこのストレンジャーのもたらす客観性を、トーマスの言葉を借りて以下のように表現する。「他所者《よそもの》はまず、状況を規定しなければならない」[11]。ストレンジャーは、当面している集団や社会に違和感を感じ取り、友好的関係を築くため、あるいはコミュニケーションを試みるために、その集団やそこに属している個人を理解する必要に迫られる。それによって当の集団や社会を分析する視点をもつことになる。つまり、互いがストレンジャーである者同士のコミュニケーションは、互いに距離感を保ちながら相手を理解しようと努めるために、コミュニケーションが円滑に進むならば、独特の親密さを帯びることになる。それが匿名的な親密さである。

3　現代日本社会におけるコミュニケーションの変容

以上の考察を経て、次のように言いうるのではないだろうか。援助交際が九〇年代の日本社会において流行となり、また大きな社会問題となった背景には、一つには都市論やストレンジャー論にみたように、見知らぬ他者とコミュニケーションをするためのツールとしての匿名的な親密さの登場があり、も

図1

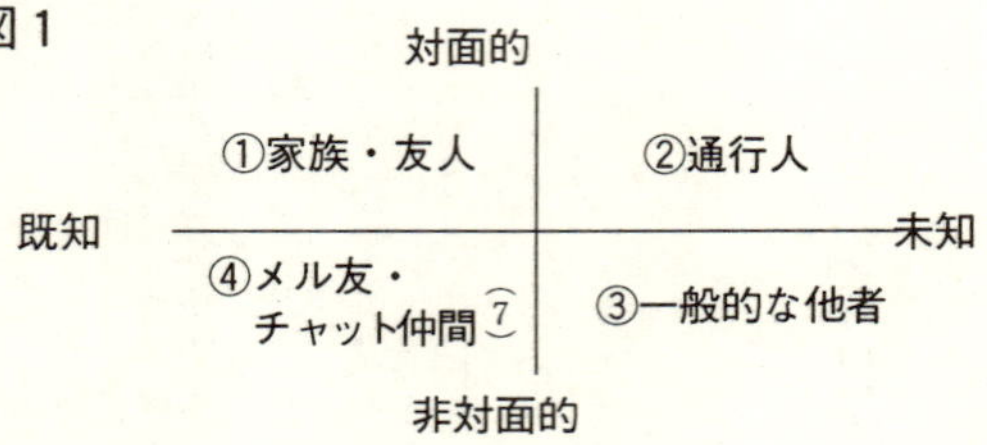

う一方ではこのコミュニケーション形式に適合するメディアの発達、すなわち匿名メディアとそれに乗じるかたちで登場した電話風俗の発達がある。

　このことをわかりやすく理解してもらうために、縦軸に対面的―非対面的の軸を取り、横軸に既知―未知の軸を取ると、図1のようになる。私たち日常の社会関係は①の領域に存在している。④には会ったことはないが、コミュニケーションが継続的に存在し、その人格について、なんらかの情報を得ているタイプのコミュニケーションが該当する。本章で主題としている匿名的で、しかも親密なコミュニケーションは、③に存在している。つまり、現代日本社会におけるコミュニケーションの変化とは③におけるコミュニケーションの増大を意味し、それは③におけるコミュニケーションを円滑にする匿名的な親密さによって可能になる。③におけるコミュニケーションは、①の領域のコミュニケーションが信頼を資源として、そのコミュニケーションの質・量が決定される（信頼が強く大きくなるほど、相手とのコミュニケーションは複雑で意義深いものになる傾向がある）のに対して〈信用〉[8]をその資源とする。匿名的で親密なコミュニケーションは、都市化や情報化が急速に進んでいる現代社会においては適用性が高いと考えられる。なぜなら個人がいくつもの社会的世界に出入りし、いくつもの異なる顔をもつことは、個人の匿名化をますます進行させ

図2

話題の性質	コミュニケーションの形式
建前	日常の社会関係のコミュニケーション
本音	匿名的なコミュニケーション

ているからである。

匿名メディアは「日常の生活圏では、およそ知り合うことのない異性と知り合える。それも世代と環境を超えて。さらに、見ず知らずの相手だからこそ、かえって本音でコミュニケーションできる。秘密の話もできる。相談もできたりする」[12]ことを可能にする。電話風俗の利用者は、援助交際を目的とするだけではない。そこには、純粋に出会いを求める人もいれば、ただの暇つぶしをするために話す人、会わないことを前提に誰にも話せないことを打ち明けようとする人もいる。たとえば、高校三年生のC子は援助交際相手との性交が終わると、家庭のトラブルや自分の悩みを、相手に打ち明けていた。「だって、(相手には)もう絶対会わないことが分かっているから、話せるんだよ」[13]。

日本的なコミュニケーションにおける本音と建前の使い分けは、匿名メディアの登場によって、ある人々に、本音を語ることのできるコミュニケーションを可能とした。このことは、従来の対面的で親密な人間関係が必ずしも本音と言われるコミュニケーションの全面的な開示をもたらさないことを示している(図2)。本音をコミュニケートすると、人間関係が壊れたり、蔑視されたりする可能性がある話題、たとえば、当人の性や死、犯罪に関わる話題などは日常の社会関係におけるコミュニケーションには適合的ではない。その背景には「日常の生活環境でリアルに本音を出してしまうと、身近な人を傷つけたり、仲間外れにされたり、陰口を言われたり、会社の人に言った場合、弱みを見せたことで足を引っ張られたりする」[14]可能性が存在している。

したがって、あたりさわりのない建前のコミュニケーションではなく、本音のコミュニケーションは、どこの誰か特定できず、二度と会うことがないような匿名の他者にこそふさわしい。「〝匿名性〟という特徴が、まったく知らない人とのコミュニケーションに抵抗感をなくしてしまう。現実の自分を脱ぎ捨てて、違う仮面をつけることによって、ようやく本音のコミュニケーションができる」[15]のである。従来の日本社会では、この種のコミュニケーションの性質を示す言葉として「旅の恥は掻き捨て」という言葉があった。匿名的な状況が社会的な存在であることの負荷から、コミュニケーションの自由を与える。この匿名性によって獲得されるコミュニケーションの自由は自己啓発セミナーの事例によくあらわれている。

人々は、自己の性格や価値観を変えるために、少なからぬ金銭を支払ってワークと呼ばれる自己啓発セミナーに参加する。そこにおいて、参加者は匿名の個人として振る舞うことが要求される。したがって、セミナー終了後は、そこで結ばれた人間関係を存在しなかったものとしてあつかい、友人や恋人などの親密な関係を結ぶことを禁じられる。しかし、その「自己啓発セミナーは、匿名性を保ったうえで、個人的と言うよりは人間一般のあたたかさを提供する」[16]。匿名性のもとに形成された親密さから生じる「あたたかさ」であり、このあたたかさにふれることで人間としての自信や他者への信頼を獲得し、結果として自己の性格や価値観が変容するのである。

この匿名的な親密さと、二度と会わないことがわかっているから何でも打ち明けることができるという感覚は、まさに筆者のインタビュー取材にもあらわれている。次節では、匿名的な親密さが援助交際に自由なコミュニケーションをもたらしていることを考察する。

4　匿名的な親密さと援助交際のコミュニケーション

援助交際が匿名性のもとでされることは、第一章で考察したように、援助交際を構成する条件の一つであった。そして親密さは、女性の優位性がある程度確保され、男性側よりも女性側により多くの選択肢が与えられていることによって生じている。援助交際の当事者たちは、互いによって選び選ばれた男女である。そのため、匿名的な関係といっても、生理的、性格的な嫌悪はあまり存在しないために、コミュニケーションは自発的なものとなる。そのうえ、性的な行為をともなっているために、そこには独特の親密さ、すなわち匿名的な親密さが生じる。それゆえ、第三章で論じたエリのカウンセリングをともなったコミュニケーションが援助交際男性を癒すことや、また第五章でみたように、〈魅力確認系〉の女性にとっての援助交際は性的承認を男性から得ることを可能にするのである。

次は筆者がしたインタビューの終わりにその感想を聞いた事例である。この種の感想を述べるインフォーマントは少なくなかった。

◎56……………………

筆者：インタビューを受けて、よかったとかそういう感じはない？
エリ：よかったという感覚とは全然違うんだけど、すっきりというのも変なんだけど、話していると楽だね。
筆者：話をしていて楽なの？　それとも、こういう会話自体が楽なの？
エリ：楽だね。あんまりこういうことを話せる人いないじゃん。

エリはインタビューの感想を「話していると楽だね」と述べ、その理由を「あんまりこういうことを話せる人いないじゃん」と説明している。同様なことは援助交際の相手である男性にもあてはまるのではないだろうか。なぜなら、インタビューする筆者とインフォーマントとの関係と、援助交際をする男性と女性という関係とは、匿名的なコミュニケーションをする関係であることに変わりはないからである。先に引用したC子の「だって、（相手には）もう絶対会わないことが分かっているから、話せるんだよ」という言明と、エリの「あんまりこういうことを話せる人いないじゃん」という言葉は、話し相手が援助交際男性であるのか、援助交際を取材している社会学者であるのかという違いでしかない。
次のインタビューをみてみよう。

◎62……………………

筆者：今日はなぜ話したの？

シホ：まぁ、一回きりやし、まぁ、こういうことがあるっていうのも別にしゃべっていいかなって。

シホは、筆者と彼女が会ってインタビューをするのは「一回きり」だからという理由で、彼女の援助交際に関する体験を話してくれた。これは、C子の「もう絶対会わないことが分かっている」という話と同じである。匿名的な関係がもたらしているのは、関係レベルでのコミュニケーションの一過性である。そして、この「一回きり」「もう絶対会わないことが分かっている」という一過性が、援助交際における相手の選択性と性交渉をつうじての親密さを構成し、その内容レベルにおいてコミュニケーションの自由を引き出していると考えられる。

ここで、援助交際におけるコミュニケーションを簡単にまとめてみよう。

まず援助交際女性に関する類型は、効率追求型〈バイト系〉、欲望肯定型〈快楽系〉、内面希求型〈欠落系〉と三分割され、さらに〈欠落系〉は〈AC系〉と〈魅力確認系〉の二つのサブカテゴリーをもつ。また援助交際男性は、性欲充足型、擬似恋愛型、擬似家族型の三つの類型に分類される。それぞれの類型によって、固有のコミュニケーションの存在形式がみられ、援助交際における多様なコミュニケーションを可能としているのは、匿名性の条件下に生じる特有の親密さである。都市化や情報化が急速に進んでいる現代社会においては、個人がいくつもの社会的世界に出入りし、いくつもの異なる顔をもつことが個人の匿名化をますます進行させている。また、日本的なコミュニケーションの作法による本音と建前の分離が「知らない人だから話すことができる」感受性を出現させ、匿名メディアをとおして、それゆえの親密さに特徴づけられるコミュニケーションを登場させたのである。社会的関連性のない者同士にとって、一回きりであるが、互いがあたたかさや信用をともなった関係を結ぶことで、コミュニケーションの回路が開かれる。そして、この状況を意図的に、また積極的に利用して社会調査をすることが筆者のフィールドワークであった。

第七章　援助交際の時空間

1　道徳的コミュニケーション

1　道徳

道徳とは、ある個人が属する共同体の範域内において、個人が選択した行為について善か悪かという価値的判断を下す規準である。(1)この節では、社会問題としての援助交際が道徳的コミュニケーションにもたらした影響について考察する。

結論的に言えば、援助交際は現代日本社会における、道徳的コミュニケーションの無効性を例証している。なぜなら、当事者同士が了解してする売買春的行為である援助交際とは、いわば「被害者なき犯罪」で、それを社会的に「悪＝犯罪」としてきたのは道徳にほかならないからである。たとえば売春防止法は、売春を「人としての尊厳を害し、性道徳に反し、社会の善良の風俗をみだすもの」[1]と規定し、処罰の対象とする根拠としている。つまり、売春を悪と規定する根拠は道徳なのである。

しかし、現代社会において、道徳的な働きかけが有効となる個人の内面や共同体的心性は十分に存在していない。それはこれまで道徳的コミュニケーションを可能にしてきた社会集団が崩壊したからである。「他人はこうしているだろうから、それにしたがえばよい」といった予期を可能にしていた世間や、またこれまで日本の近代化を支えてきた家族や学校、地域社会はかたちのうえでは存在しているのだが、実質的には解体したのである。したがって、援助交際をすることに対して、両親や学校の教師の発する禁止のメッセージは効果をもたないのである。そして、存在するのはなんらかの対象に向けた、欲望や情動にもとづくコミュニケーションのみである。このことを援助交際に関する論争のなかにみてみよう。

2 援助交際における道徳論

援助交際に関わる当事者たちの「他人に迷惑をかけていない援助交際がなぜいけないのか」という主張に対して援助交際否定論者たちの論調は一貫している。援助交際を売春ととらえ、そのことによって、少女たちの人格が尊重されなくなること、人格を成り立たせている尊厳を失うこと、本人は気づいてなくとも心は傷ついていることなど、道徳的な人格主義にもとづいた主張をしている。ここで言う道徳的な人格主義とは、ドイツの社会学者ルーマンの考えに拠っている。ルーマンは「モラルを、尊敬と軽蔑との示唆を携える、特殊なコミュニケーションのひとつ」と考え、その人の「仕事の成果が問題なのではなく、コミュニケーションへの参与者として評価されるかぎりでの、全人格が問題」[2]と考えている。そして、その人格は「尊敬あるいは軽蔑」によって評価・判断される。

援助交際に対する「〝人間にたいする信頼感〟を失う」[3]という発言や「人生を粗末にしているから」[4]という答えが代表的である。「もし今、売春者への道を歩もうとしている少女たちがいたら、お前たちは以後差別され、蔑視されると言ってあげよう。それが〈現実〉なのだ」[5]や、援助交際をした女子学生がいだく罪悪感に対して「偽善でしかない〈罪悪感〉」[6]とみなす言説はその例と言える。しかしこのような道徳的な価値規準による援助交際の抑止は効果をもたないことを、援助交際の流行は示している。

たとえばベネッセ教育研究所がしたアンケート調査において、援助交際を本人の自由であるという理由で容認する立場の高校生が六割ちかく存在する現状[7]において、道徳によって援助交際を禁止することはできないだろう。また取材活動をとおして、ありきたりの法律論や道徳論で援助交際を抑止することができないと痛感しているルポライターの黒沼克史は、援助交際を経験した中・高生たちに対して「あなたたちの年齢で体験したことが、本当にトラウマ（心的外傷）として残らないかどうか」[8]という危惧を述べている。これは、今は良くても将来においてどんな不都合が生じるかはわからず、後悔の念をいだくかもしれないという主張であるが、この主張もまた道徳的な人格主義に位置している。

さらに臨床心理学者の河合隼雄は、女性たちに援助交際の禁止を呼びかける論理として、「理屈ぬきの関係」すなわち「たましいの関係」をもちだして、援助交際は心を傷つけないが、魂を傷つけるから悪い、いけないという論理を展開する。[9] これは、道徳的なコミュニケーションの無効化があってこその発言である。なぜなら、援助交際は道徳的コミュニケーションが働きかける人格と心を傷つけないが、心より深遠な存在である魂を傷つけると主張することによって説得を試みているからである。このような日本社会の現状に対して、どのような社会学的な知見が導き出されるのであろうか？　援助交際の当事者に対する道徳的コミュニケーションの無効性を考えると、援助交際の当事者には人格がもはや存在しないかのような印象を受ける。

3　現代社会における道徳

まず現代社会において、近代社会という制度によって産み出された自律的な主体としての個人に変化が生じたとする仮定から出発する。この仮定は、現代社会において個人が行為の規準として道徳をあてにしなくなったことを想定している。しかしながら、この仮定は近代社会における道徳の機能に関する伝統的な社会学の説明に反する。デュルケームは、社会から個人が解放されると「彼のエゴイズムを抑え、彼を道徳的存在たらしめているあの社会から有益な圧迫を、自己の身のまわりや上に、もはや十分には感じなくなるだろう」[10]と述べ、「人格と個人の尊厳性への畏敬」としての人格崇拝が個人道徳を産み出す源泉となると説明している。この説明では、近代社会において道徳的価値を個人にもたらすのは人格崇拝にもとづいた個人道徳であり、分業の結果として生まれるさまざまな機能集団が個人道徳を支えると考えられている。こうして近代社会において、個人道徳が誕生し、個人は社会のなかで尊敬と軽蔑によって判断される人格的存在としての諸権利を獲得した。

しかし、現代日本社会において、このことは妥当するのだろうか。デュルケームは道徳の性質を「規律の精神」と「社会集団への愛着」にみている。「社会構造が複雑になればなるほど、道徳がまったくの自動的メカニズムによって機能を発揮することは、ますます困難になる」[11]と述べているように、分業の

図3

社会類型	社会の主要構成単位	行為の源泉
前近代社会	共同体	宗教（道徳）
近代社会	個人	（個人）道徳
ポスト近代社会	エージェンシー	欲望・情動

図4

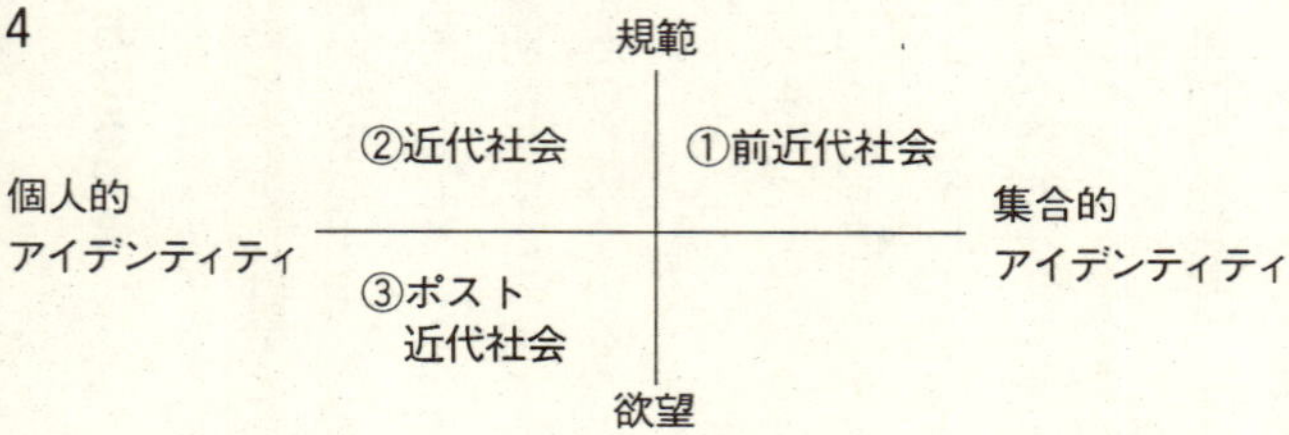

結果、社会の分化をさらに推し進めた現代社会においては、統一的な社会的イメージを保っていくことは困難になる。「道徳的行為とは、非個人的な目的を追求する行為」[12]であるが、この「非個人的な目的」を個人に要求する社会そのものが感得されなくなっているのである。そのため、現代日本社会において「純粋に利己的な生き方をするためには、自己から一切の社会性を奪いとらねばならない」[13]ような状態までにはいたっていないが、少なくとも社会のなかで他者とともに振る舞う際の指針は「規律の精神」としての道徳ではなく、主体の欲望や情動にもとづくようになっているのである。このことを考えれば、援助交際に関する道徳的コミュニケーションの無効化が理解できるだろう。

　比較社会学的な試みとして、それぞれの社会の主要構成単位と行為の源泉を理念的に提示してみよう。現代社会がポスト近代社会かどうかという問題は別として、議論をわかりやすくするために、理念的に表示したのが図3である。

　前近代社会は社会の主要構成単位に共同体をもち、行為の源泉は宗教的な価値にもとづいていた。近代社会では、自律的な主体としての個人が内面化した個人道徳によって、行為を決定づけられる社会と考えられる。しかしポストモダン社会においては、自律的な主体として、個人を含めたエージェンシー（行為遂行体）が欲望や情動にもとづいて行為する。たとえば、運動団体や法人組織を考えてもらえればわかりやすいだろう。

また縦軸に行為を動機づけ、抑制する規範—欲望の軸をとり、横軸に自己認識の形式が個人的なものか集合的なものかという個人的アイデンティティ—集合的アイデンティティの軸をとる。そこにこの三つの社会類型を当てはめると図4のようになる。

次に現代日本社会のように、道徳的コミュニケーションが弱体化し、無効化しつつある社会で起こる問題を考察してみよう。それは〈ＡＣ〉の問題である。

2　援助交際のなかのアダルト・チルドレン

1　アダルト・チルドレン（ＡＣ）

〈ＡＣ〉は、幼少期のトラウマや機能不全家族のもとでの成長が原因となって、成人後さまざまなトラウマの後遺症で悩み、生きづらさを訴える者のことである。それゆえ、〈AC〉の特徴のうちもっとも本質的なものは「自己承認の欲求」[14]であり、〈AC〉は他者からの人格的な承認や尊重を求める人々(2)である。

かといって〈AC〉は病気や精神性の障害というわけではない。「私はACだと自己認知することで、自分のこれまでの生の軌跡が、方程式を解くように、今の自分を肯定するひとつの物語としてかたちづくられること、それがすべてである」[15]や、「アダルト・チルドレンであるということは病気ではない。それはその人の生活史の一つの事実であるにすぎない」[16]という記述にみられるように、過去における負の自己を受容した自己認知の仕方なのである。ACの特徴は彼・彼女たちが訴える「生きづらさ」にある。この意味で、〈AC〉はきわめて現代的な社会現象であり、その現象自体が逆に現代社会の現状を逆照射しているとさえ言いうるのである。

現代社会において、尊敬と軽蔑の源泉としての道徳的なコミュニケーションが機能しなくなると、人々は承認不足に陥り、そのなかのある者は〈AC〉となる。そして承認を求めて、ある特定のコミュニケーションへの参加を動機づけられる。本来、人間にとってもっとも重要である人格的承認は、家族、とりわけ母親と乳児におけるコミュニケーションによってもたらされるものである。また、そうしたコミュニケーションに障害があって承認を得ることができない人々は、かわりに、学校や職場、仲間集団などの社会集団において承認を得ることになる。しかし今の日本社会では、このような社会集団の集団としての機能が弱まり、集団に所属することで得られるはずの帰属感や、理想の実現による満足感が得にくくなっている。そして、この承認の獲得を援助交際に求める人々が存在する。それは〈AC系〉の援助交際女性である。このことを、筆者のフィールドワークから得た事例にみてみよう。

2　ACと援助交際

〈AC系〉援助交際女性は内面希求型〈欠落系〉に属し、インタビューした女性のおよそ三分の一がこの類型に該当した。この女性たちに共通していることは、なんらかの理由で自己評価が低く、援助交際に金品や性的快楽よりもコミュニケーションによる承認を求めていることである。事例をみてみよう。

一八歳の高校生ミカは「寂しいから、電話して気の合う人とかやったら」(◎44)という理由で男性たちに会い、援助交際をする。そして自己評価が低いために、お金を得ると「私でも二万五千円の価値あるんや」と感動を覚えると話す。ミカのように「寂しい」からという理由で、援助交際をする女性は多い。援助交際について書かれたルポには、二一歳のOLがテレクラを利用し援助交際をする理由として、「私って、自分からエッチしたいって思ってやったセックスってほとんどないなぁ。私は誰か一緒にいてくれて、話を聞いて欲しい。腕まくらされて、人肌の温もりを感じていたいの」[17]と述べている。〈AC系〉女性は、このようにコミュニケーション的なものを求めている。本書では、このコミュニケーションで得られるものを承認と呼んでいる。このことを裏づけるために、次の記述をみてみよう。「崩壊家庭や極度の貧困とは無関係な女性たちが売春する場合、その多くは〈金銭動機〉ではなく〈承認動機〉にもとづいています。たとえば、家庭でも学校でも劣等生としてしかみてもらえない中高生にとって、売春現場で相手の男から体を褒めてもらい、セックスをしてもらえることが、貴重な承認感覚（自分はOKだという感覚）を与えます。劣等生ばかりではなく優等生も同じです」[18]。

またこの類型の女性たちには過去の性的虐待の体験を語る者もいる。小学四年生の時に義理の父親にレイプされた経験を成人後も引きずっているミキは、援助交際をしているときの心の状態について「ロボットみたいなもんです」〈◎42〉と語る。

さらに中学一年生の時に八人の少年（一八から二〇歳ぐらい）に、レイプされた経験をもつミユキは、その事件以後、片親である母親と疎遠になり、同居していた義理の叔父からもレイプをされる。孤独感からテレクラに電話して「初めてじゃないんやろう？」と言われ、中学二年生の時に援助交際をした。初体験について「最初って大事でしょ、それに最初の始まり方がそんなん（レイプ）で」〈◎41〉と話し、援助交際をずっと続けている。レイプが彼女にとって大きなトラウマになっていることは次の言葉からも理解できる。「毎回一緒なんですよ。私が裁判所に立ってて、証言している夢なんですよ。その裁判所に立って証言している後ろから、髪の毛を引っ張られて押し倒される」。この夢をみると、ミユキはテレクラに電話をかけて、援助交際をする。

彼女にとって援助交際は「私はけがされている」のに、学校ではクラス委員もやっていて真面目な生徒であるという、日常生活における「嘘の自分」の存在を軽くしてくれる。

◎41……………………

ミユキ：結局、その子たち（友だち）はレイプされてなかったりとかして、普通に暮らしているのに、どこか私は違うんやなって絶対、心のどこかに思ってて、だから友だちとも溝がありますね。こうやっていると、だから、やっぱり、友だちとも仲良くできないし。

ミユキは、友だち集団や学校における日常生活の自分を「ほんまの私じゃない」と感じている。そのために、日常の自分を嘘の自分と考え、レイプされた本当の自分との「板挟み」を解消するために、援助交際をする。「援助交際するたびに安心するんですよね」と語り、そのために「援助交際から逃げられない」と語る。母親と彼女とは「これで外食してください」というメモとともに一週間分の食事代として二、三万円をテーブルの上において受けとるだけの関係である。この親子関係を、ミユキは「たぶん、お母さんはそのお金で私の愛情を喪失してしまっているでしょう。だから愛情が足せない分、お金でって感じじゃないですか」と語り、家族のなかで話をする人がいないために「家には居場所がない」状態となっている。彼女にとっての居場所は、家でも学校でも友だち集団でもなく、援助交際なのである。

ミユキのように、日常の自分と非日常の自分、みんなの知っている自分と知らない自分、表の自分と裏の自分という二分法で自己を線引きし、後者の自分の居場所を援助交際に見いだす女性は他にもいる。サキは「裏にはこんな私でもっていうのがあったから」〈◎34〉と、援助交際をした動機を語っている。

このように、援助交際に日常生活では満たされないものを見いだして、援助交際をし続けるケースもある。この満たされないものとは何だろうか？　ミカのように、こんな自分を必要とし金品を払ってくれる男性がいるというだけではなさそうである。

リエは二〇歳の時、深夜外出中に三人の男性に車に連れこまれ、レイプされる。以後、この事件がきっかけで精神に変調をきたし、不眠症や不安神経症、摂食障害になる。孤独感を埋めるために始めたツーショットダイヤルにおいて、下心を丸出しにして誘いかけてくる男性たちと話している時は「(自分をレイプした）男を馬鹿にしているような気分になる」と話す。しかし、リエの男性観や性に対する考え方は、ますます荒んだものとなっていく。

◎65……………………

リエ：こういうこと（援助交際）をすると、ますます不快になってきて、本当に好きな人と（性交を）したくなくなるんじゃないかと、自分で本当に嫌になってしまう。気持ち悪いのを我慢してしているのが当たり前になって、もうH自体が気持ち悪いものだってなってしまって、できなくなってしまう不安がある。
筆者：H自体は気持ち悪いとは思っていない？
リエ：気持ち悪いです。不快感。
筆者：最初はそうじゃなかった？
リエ：やっぱりずっとそうですね。でも、好きな人とだったら、大丈夫なんじゃないかと思ったりしたんだけど、こういうこと（援助交際）をしていると、それよりましてもっともっと嫌になっていく。

そして、援助の時の自分を「本当の自分は汚い世界（にいるん）だと思うんだけど、そのときは私じゃないと思っているから」と語り、レイプされた自分や援助交際をしている自分は「本当の自分」には違いないが、日常の私ではないと思っている。この分離は「同じように統一していたら、悩む、苦しいから」、彼女が心のなかでつくりあげたものである。彼女が語った「汚い世界」について、踏みこんで尋ねたのが次の会話である。

◎35……………………

筆者：自分が汚れているっていうのはある意味、気持ちがいい？
リエ：うーん、気持ちがいいと言うより、なんかねえ、なんて言うんだろう、傷で傷を癒す。
筆者：ある種の快みたいなものはある？
リエ：もう立ち直れないから、もう自分をとにかく傷つけて傷つけて逃げることしか考えれない、出口がない。（援助交際を）やり続ける。

この会話から、援助交際には過去のレイプのトラウマを「傷で傷を癒す」作用があることがわかる。〈ＡＣ系〉の援助交際女性にとって、援助交際は「傷で傷を癒す」というある種の癒しの機能をもたらしていると考えられないだろうか？　このことが可能なのは、〈ＡＣ系〉の援助交際女性にとって、日常―

非日常という区分において、日常が承認獲得の困難な時空間、非日常である援助交際が承認獲得の容易な時空間となっているからである。

しかし、傷（トラウマ）を傷（援助交際）で一時的に癒すことはできても、十全な回復は望めないかもしれない。リエは当初、金銭を得るために始めた援助交際が、その行為をすること自体が目的となるという、いわば援助交際を自己目的化し、「（援助交際を）やり続ける」しか「出口がない」という悪循環に陥っている。この援助交際の自己目的化と悪循環からぬけ出すにはどうしたらいいだろうか？　次のミヤとミホの事例をみることで、このことを考えてみよう。

3　援助交際で与えられる承認

売春防止法の「人としての尊厳を害し、性道徳に反し、社会の善良の風俗をみだすもの」という条文における「人としての尊厳を害」する売春イメージや、また「娼婦になることは実はゆっくりとした自己破壊の形式である」という記述にみられるように、売春が女性の人格を傷つけ、損なうという観念は女性の売春を否定、非難する根拠としてもち出されてきた。ここでは、これとは異なる事例を紹介する。

◎71……………………

筆者：その性的なトラウマ（6歳の時にレイプされた記憶）がソープ嬢やったり、援助交際していることに影響していると思う？

ミヤ：ある程度はしてると思う。

筆者：どの程度？

ミヤ：うーん、だから、うちの親、曰くなんですけど、（中略）、お前がそういう目にあって、でもなおかつヘルス行ったりする（両親にはファッションヘルスで働いていたことが知られる。援助交際とソープ勤務については知らない）のは、やっぱり男の人のことを軽蔑したり、復讐したりしてるからじゃないんかと言われました。別に実際はその、親にしてみれば、自分を貶めているように、仮には見えるけど、そういう（男性がファッションヘルスに行って、射精させてもらう）ことにお金を払っていることに対して、なんか軽蔑しているんじゃないんかと話してました。で、男の人のことを馬鹿にできるから、そういうところにいるんじゃないかと。

筆者：それをどう思う？

ミヤ：一理あると思いました。ソープにいる時はそんなことないですけど、ヘルスにいる時はそうですね、お金に困っていたのは困ってたんですけど。

筆者：風俗関係の話で、エピソード的なものとか、いい話とかない？

ミヤ：男性嫌いというか、男性不信が治ってきたのは、月額二五万の人がすごいやさしいからやと思いますよ。ある程度、そういうのあると思いますよ。お父さんみたいですね、感覚的に。自分でも、けっ

こうファザコンだと思うんで、だから、男の人でも、ちゃんと約束を守ってくれて、人間あつかいしてくれる人もいるっていうのは、そのへんでマシになってきたんじゃないですかね。

ミヤの話によると、六歳の時にレイプされたことで生じた性的なトラウマは、彼女を「男性嫌いというか、男性不信」にさせ、女性としてのアイデンティティを不安定にさせた。大学時代に三年間つきあった男性は彼女と性交をしようとしなかったことも、性的アイデンティティをより不安定にさせた。その当時、テレクラで出会った男性と一回だけの性交をしたが、それでも不安は解消できず、援助交際や風俗を経験することになる。彼女やその両親の分析によると、風俗で働くことは男性を軽蔑し、男性に復讐する意味合いを含んでいるという。これは、リエがツーショットダイヤルで会話する男性たちにいだく感情と似ている。しかし、ファッションヘルスの客として知りあい、愛人契約をもちかけられた、「お父さんみたい」で「すごくやさしい」男性と、月二五万で援助交際することによって、彼女のトラウマや「男性嫌いというか、男性不信」は解消される。このように、援助交際によって与えられる承認によって、トラウマやコンプレックスを解消し、個人として、あるいは女性としてのアイデンティティを回復し、取り戻す援助交際女性は少なくない。次にみるミホの事例はその典型である。

◎52……………………

筆者：（援助交際で相手の男性から）褒められるって言ってたよね？　どう褒められるの？

ミホ：「きれいな体をしているね」とか。
筆者：他には？
ミホ：「（女性器の）しまりがいいね」とか、「きれいだよ」っていうのが多いですね。体が。
筆者：そういう言葉は言われたら、うれしいの？
ミホ：まぁ、一時的に。その時だけうれしいですね。
筆者：自分ではそう思う？
ミホ：いや、思わないから、（なんでみんな）同じことばかり言うんだろう？　お約束かと思ったんですけど、うーんなんか、それにしてはみんな言うから、なんだろうって。でもまぁ、そんなこと深く考えなくても、とりあえず言ってくれるのはうれしいから。
筆者：「それ」って言うのは何？
ミホ：そういう誉め言葉とかいろいろ。あと、体とかそういうのもそうなんですけど、あと私の人格をつくっている人格的なもの、「やぁー君はいい子だ」とかみんな言ってくれるんで、ほとんどの人が。それがやっぱりうれしいから、その時だけでも。その人がそう言ってくれたからといって、その人とずっと会いたいとか、依存したいとか全然ないんですけど、その場かぎりで「ありがとう」みたいな。それをつなぎあわせて、ずっときたんですけど。

ミホ(3)は地方の高校卒業後、大学に現役合格して上京している。彼女は取材当時、東京大学の四回生で、卒業後の就職先も決まっていた。彼女は失恋をきっかけに九七年から援助交際を始め、取材当時も一人の男性と続けていた。取材当時まで五〇人以上の男性と援助交際をしており、ホテトル嬢となった経験もある。彼女に、援助交際女性の類型を提示して、どれにあてはまるかと尋ねてみたところ、〈欠落系〉のサブカテゴリー〈AC系〉と〈魅力確認系〉にあてはまると答えている。

彼女にとって援助交際は単に金品を得る場ではなく、承認を与えてくれる場である。「きれいな体をしているね」や「(女性器の)しまりがいいね」という彼女の身体的・性的側面に与えられる〈性的承認〉と、「やぁー君はいい子だ」という彼女の人格的な側面に与えられる人格的承認との二種類がある。彼女は承認を与えてくれる男性一人に依存することなく、数多くの男性たちに承認を与えられるなかで「ありがとう」の気持ちを忘れることなく、承認を与えられることで自分を「つなぎあわせて、ずっときたんです」と語っている。次のインタビューでは、ミホに援助交際をやめた理由を尋ねている。

◎52……………………

筆者：(援助交際をすることに対して)なんでもういいやと思ったの？

ミホ：なんか、承認が満たされたというか、なんかなんだろう、セックスによる他者からの承認がなくても、私はやっていけるって、落ち着いたんですね。

ミホは「承認が満たされた」「セックスによる他者からの承認がなくても、私はやっていける」「落ち着いた」という理由で、テレクラや伝言ダイヤルを使っての相手捜しは、やめる決心をする。といっても、ただ一人の相手とは連絡があるかぎり、援助交際というかたちで会っているが。彼女が援助交際で得たものとは何であろうか？　つまり、援助交際の経験をとおして彼女はどう変わったのだろうか？

◎52………………

筆者：援助交際をやる前とやった後では、自分はどう変わった？
ミホ：なんか人とのコミュニケーションがうまくなったという感じなんですけど。
筆者：どういうふうに？
ミホ：私、けっこう人見知りするんです。したんですよ。だから、けっこうこの人は私のことをどう思っているんだろうというのに縛られて、なんかけっこう不自由な思いしてたんですけど、なんか初対面の人と、（援助交際で）けっこうバシバシ会ってやってきたんですけど、そういうので、ある程度、さっきも言いましたけど、コミュニケーションが読めるようになって、それもけっこう現実っていうか、普段にも応用できるようになって、こうすればいいのかなという感じで、いろいろやれてますから、それはすごくよかったかなぁと思ったし。

ミホは、援助交際によって「コミュニケーションがうまくなった」と語っている。以前は「私のことをどう思っているんだろう」という危惧に「縛られて」「不自由」さを感じていたが、「コミュニケーションが読めるようになって」「こうすればいいのかな」というのがつかめるようになったと話している。援助交際のように、いきなり初対面の三〇代、四〇代の男性と性交をするという状況はかなり特殊である。しかし、この特殊な場こそが、カウンセラーが「ただ話を聞くだけ」のカウンセリングでも癒されることがなかった彼女の心を癒すことを可能にしたのである。

◎52…………………

ミホ：なんかいろいろ、（援助交際相手の）オジさんたちを見ていると、けっこう離婚調停中とか、別居中とか、そういう家庭内離婚とか、外に愛人（を）つくりまくっていて、家庭では一応、父親らしくしているみたいな感じの人とかも、結構いて、なんかそういうのを見ていると、イヤー、なんか、私が元彼に対していだいていたような幻想とか、実はなくて、壊れたらダメになる関係があるだけじゃないかと、思い始めたときに、（援助交際は）やっぱりもういいやって。

筆者：（援助交際をやめる）ことになったの？

ミホ：そうですね。あともう、承認、セックスによる承認がなくても、なんか私は私でやっていけるっていう（ふうに）、思った。

ミホは、援助交際をとおして「承認、セックスによる承認がなくても」「私は私でやっていける」という自己確信を得る。この自己確信こそ、援助交際をする〈AC系〉のみならず、それ以外のACたちが求めているものである。しかし、「私は私でやっていける」という確信にいたるまでの過程に必要なことは、援助交際相手の「オジさんたち」から「承認、セックスによる承認」を与えられることだけではない。ただ与えられるだけならば、ミユキやリエのように、援助交際の自己目的化と悪循環に陥ってしまっていただけだろう。
ミホの場合、援助交際相手の「オジさんたち」とのコミュニケーションから、彼らの背後にある生活や家庭を読みとっていたことが、彼女を援助交際の自己目的化と悪循環から解放したと考えられる。「家庭では一応、父親らしくしているみたいな感じ」の「オジさんたち」が「離婚調停中」や「別居中」「家庭内離婚」状態、「外に愛人（を）つくりまくっている」のをみて、「私が元彼に対していだいていたような幻想とか、実はなくて、壊れたらダメになる関係があるだけ」という考えにいたった時に、援助交際を「もういいや」と思ってやめたのである。

そして、ミホが失恋によって大きなトラウマを負ったことの根本にあった恋愛観そのものを一八〇度変えることになる。つまり、愛情に結ばれた男女の二者関係でさえもある種の幻想に過ぎず「壊れたらダメになる関係」でしかないという、彼女にとっての真実にたどり着いたのである。そのとき、他者からの承認がなくても「私は私でやっていける」自信を獲得することができた。彼女は、援助交際という匿名的な空間において「自分という存在そのもの、アイデンティティぬきの裸の〈私〉に価値を実感することができたなら、事態は一変します。存在証明はいらなくなり、私たちは自由になります」[19]という「存在証明からの自由」を手に入れている。

実のところ、彼女が援助交際をとおして得た確信は、臨床現場における〈ＡＣ〉の「回復」と呼ばれる現象に非常にちかい。「回復するということは、それまでよりも健康的な方法で人生の危機を乗り越えられるようになるという意味ではない。回復が進めば進むほど逆境を切りぬける能力が高くなる」[20]。ミホの場合、精神状態が失恋前よりも「健康的」になったのではなく、「逆境を切りぬける能力」としてのコミュニケーション能力を高め、社会のなかで「私は私でやっていける」自信を得たのである。

3 脱社会性

1 援助交際の時空間論

この節では、援助交際を時空間論的に考察する。問題は二つある。第一の問題は、トラウマや生きづらさ、孤独感をかかえた〈AC〉がなぜ援助交際をするのか、つまり〈AC系〉の援助交際女性がなぜ、筆者のインタビュー調査において全体の三分の一にもおよぶのかという、〈AC〉と援助交際の親和性の問題である。第二の問題は、ミホが援助交際による体験から自己変容を遂げ「私は私でやっていける」という強い自己確信を得た時空間の問題である。援助交際の時空間論的特性とは？　これは、援助交際という社会空間がもつ他の社会空間と異なる性質、つまり個性(4)の問題である。

ミホは援助交際を始めてから、一時期ホテトル嬢となって働いた経験をもつ。彼女は当初、ホテトルは自分に合っているのではないかと思って始めてみたが、自分には合わないと判断して三日でやめてしまった。理由を「モノとしてあつかわれる」からと語っている。筆者は援助交際とホテトルとの違いを「モノ」をキーワードに尋ねている。

◎52……………………

筆者：（ホテトル嬢になって）モノとしてあつかわれるのはなぜ嫌？

ミホ：だから私、モノになりたいとか思ってた部分もあったんで、いいかなと思ったんですけど、なんかあまりにも無機質でなんて言うんだろう？　ぜんぜん何も感じる交流がないのって嫌だなと思って。

筆者：コミュニケーションがないの？

ミホ：そうですね。私、援助（交際）で会っているオヤジたちとも、そういうコミュニケーションってけっこう嫌だなと思ってた部分があるんですけど、承認は得たいじゃないですか。ホテトルって、ほんと言って、それなりに意見言ってくれるんですけど、なんかすぐ時間（が）来たら電話して、ホテトル（の事務所）に電話して「終わりました」って電話して、「今から始めます」とか言ったりして、（い）やだなと思って、それだとあまりにもモノになりすぎているだろうと思って。

ホテトルは、男性が女性と性交をするために、ホテルや自宅の部屋に女性を一定時間、派遣してもらうシステムをとっている。店舗型の風俗と比べれば、比較的自由の利く社会空間に思える。しかし、「ぜんぜん何も感じる交流がない」ホテトル嬢になった経験が、ミホをして、援助交際において「けっこう嫌だ」と感じていた「オヤジたち」とのコミュニケーションで得ていた承認の大切さを気づかさせる結果となった。

援助交際とホテトルとの違いについて考えてみよう。第一に、援助交際において男性・女性とも自らの条件（金銭・行為・容姿・性格など）に適合するかたちで、その相手を選んでいる。店長や従業員という第三者が介入し、客である男性もどんな女性があらわれるかもわからず、女性が客を選べないホテトルとは根本的に異なっている。雑誌掲載の記事や写真で希望の女性を指名できる店や、ホテトルでは相手を気に入らなければ女性を変更できるシステムをもつ場合もあるが。第二に、援助交際は、時間ごとの料金システムによって枠づけられたホテトルとは違って始めと終わりがない。双方が一緒にいたいと思えば、ずっといることができるし、また会おうと思えば会うことができる。第三に、コミュニケーションの存在である。ミホの話によれば、ホテトルでは「ぜんぜん何も感じる交流がない」と語る。しかし援助交際には、彼女が考える意味でのコミュニケーションがある。この違いは、ホテトルの男性客とホテトル嬢という役割関係と、援助交際における男と女という役割固定できない関係とにある。

筆者がインタビューをしたかぎりにおいて、援助交際において女性が男性を「客」と呼んだ事例は皆無である。この男と女の関係は、きわめて言語的・身体的なコミュニケーションでありながら、非常に匿名的である。相手が「四二歳の建設会社社長」や「名門私立女子高校の二年」と自己紹介をしたとしても、それが本当かどうかを問うこともなく、それを前提としてコミュニケーションが進む。たまに、気に入った女性に名刺を手渡す男性もいるが、互いの本名や住所を言う必要もない。その関係が続くなら続いてもかまわないし、また一回きりで終わってもかまわないと当事者たちは思っている。

2　自助グループの社会空間

援助交際の社会空間は、アルコール依存症者や摂食障害者が組織する自助グループとよく似ている。臨床社会学者の野口裕二によれば、アルコール依存者たちの自助グループの〈ＡＡ（Alcoholics Anonymous）〉の最大の特徴として〈無名性（anonymity）〉をあげている。この無名性ぬきに自助グループでの回復はありえない。この無名性とは、その社会関係が基本的に二者であることを前提にしている。ＡＡは、二者関係的な横に連なるコミュニケーションの連鎖以外に、第三者的なアリバイを証明・記録する存在を欠いている。(5) 援助交際の社会空間においても、ホテトルの社会空間と異なるのは、この二者関係が存在している、していたことで、アリバイを証明できる第三者がいないことにある。

また野口は、アルコール依存者たちの自助グループの活動が六つの機能をもつと述べている。順に、飲酒機会の軽減、感情の癒し（孤独感の回避）、エネルギーの補給（未来に向けた気力の回復）、対人関係能力の成長（コミュニケーション能力の向上）、自己の再発見と再確認、スティグマへの対処である。[21] 社会空間としての援助交際はミホの例からみれば、この六つのうち四つの機能、つまり感情の癒し、エネルギーの補給、対人関係能力の成長、自己の再発見と再確認をもつと考えられる。

援助交際やアルコール依存者たちの自助グループにおける社会空間のもつ特性を〈脱社会性(6)〉と名づけてみよう。日常的な社会空間で承認を得ることができず、コミュニケーションの不自由を感じるＡＣ

にとって、援助交際の時空間が脱社会的に作用することは、社会性が剥ぎとられた関係において、コミュニケーションの回路を開き、承認の獲得を可能にするのである。

つまり、第一の問題、ACがなぜ援助交際をするのか、の答えは、脱社会性にある。また脱社会的な空間を仮定しても、援助交際と自助グループはまったく同一のものではなく、機能的に等価なだけである。では、脱社会的な空間としての援助交際と自助グループとにはどんな差異があるのだろうか？　これが第二の問題の答えでもある。

第二の問題、社会空間としての援助交際がもつ個性の問題、つまりジンメルがあげた社会空間の四つの特性の一つである空間内容の固定化について、次のことが言えるだろう。自助グループが横のコミュニケーションの連なりを基盤として〈共同性〉という虚構を一時的につくりあげるのに対して、援助交際という時空間の個性、つまり空間内容の固定化を可能にしているのは、非日常的な、匿名的かつ身体的・性的なコミュニケーションである。ACは匿名的かつ身体的・性的なコミュニケーションに参入することで、性的な行為によって承認が与えられ、その内面を癒すことができる。これが可能になるのも、「セクシュアルに感性的な性にはさらに徹底した個人の自己の性的充足に没入しようとする反社会的性格が含まれる」[22]こと、つまり性的な関係がもつ反社会的な性格に拠るのである。この性的関係のもつ反社会性が、ACの人格的な不全性と呼応し、社会の外に役割や地位を超えた関係を築くのである。

ACにみられる性と人格との関係は、レイプが女性の性的な身体に対する暴力となるだけでなく、心=人格を傷つける暴力となることと同じメカニズムをもっている。「なぜ性器に対する暴力が、身体の他の部位に対する暴力とちがって特権的に人格を侮辱する行為と考えられるのか。そしてそのためになぜ、被害者はとくべつなトラウマを負わなければならないのか？　他人から暴力を受けることは確かにゆるしがたいことではあるけれども、なぜ不幸にして骨を折ったとか外傷を受けた、と同じように受けとめることができないのか」[23]。

人格と性を切り離している〈バイト系〉の女性たちとは違って、〈AC系〉の女性は人格と性が直結しているため、過去にレイプや性的な虐待を受けた記憶にさいなまれ、人格を傷つけられ、生きづらさを訴える者が多い。つまり、〈AC系〉の女性が援助交際で癒されることが可能なのは、彼女たちが「性とは人格的なものである」という〈性＝人格説〉の影響下にあるためである。性が人格的なものとして人々に受容されているかぎり、性が癒しの機能をもつことは風俗産業で働く女性たちにも共通する[24]。しかし風俗産業が援助交際と異なっているのは、前述のように、第三者がそこに介入することで匿名的で自由なコミュニケーション空間が形成されにくいことにある。

したがって、第二の問題に対する答えは以下のようになる。援助交際の社会空間は、非日常で、匿名的かつ身体的・性的なコミュニケーションがもつ人格への影響力によって、その空間への参入者に、感情の癒しや対人関係能力の成長、自己の再発見と再確認といったケア機能を与えているのだと。

3　コムニタス

援助交際の社会空間が以上のような特徴や機能をもつことを、他の言葉で適切に表現できるとするならば〈コムニタス（communitas）〉という言葉が適切だろう。ここでは、援助交際の社会空間がコムニタスである可能性を検討してみよう。

コムニタスとは、性別、社会的地位、経済関係といった日常の社会構造、社会関係を越えた、別次元における自由で平等な人間相互の関係である。コムニタスに関する議論は「場所・状態・社会的地位・年齢のあらゆる変化にともなう儀礼」であり、分離、周辺、再統合という過程をもつ通過儀礼[25]に関する文化人類学的考察を下敷きにして構成されている。通過儀礼をとおしてコムニタスは形成され、日常の社会構造から分離された、社会構造の周辺に存在している。このため、コムニタスは、人々が「〝時間の内と外の瞬間〟、世俗の社会構造の内と外の瞬間に当面する」[26]ことを可能にする。この「時間の内と外」「世俗の社会構造の内と外」という〈境界性（liminality）〉がコムニタスを特徴づける。

それゆえ「本質的に、コムニタスは具体的、歴史的、個性的な諸個人の間の関係である。これらの個人は、役割や身分に分節化されることなく、マルチン・ブーバーの〝我と汝〟というしかたで相互に対面している」[27]。ブーバーは世界を二つに分類する。一つは「我―それ」という関係で成り立つ「経験の対象としての世界」であり、もう一つは〈我―汝〉という関係で成り立つ「関係の世界」(7)である[28]。つまり、コムニタスは関係の世界に属し、「汝の世界は空間的・時間的連関のなかにはおかれてはいない」[29]とされる。「空間的・時間的連関」を超えた「役割や身分に分節化されること」のないコムニタスの時空間は、本書における援助交際の時空間を特徴づける「脱社会性」という性質と重なりあう。

コムニタスがそのなかに所属する人間にもたらす重要な機能は「人生の新しい情況に自分を適応させる新しい力を授け」[30]ることである。ミホの「私は私でやっていける」という自信もこれに該当するだろう。コムニタスにおいて、人間存在に与えられるのは「聖なるリミナリティにおいて与えられる知恵（マナ mana）」であり、それは単語や文《センテンス》の集合体ではなく、「存在論的な価値をもつ」[31]。それゆえ、通過儀礼にみられるように、それを体験した者は自らの実存に接することができる。実存とは存在すること（existence）であり、その語源的な意味は「人が、通常、社会体系で占める構造的地位の総体の局外に立つこと」[32]である。それゆえ、人格変容や新しい人格の獲得をともなうことが可能なのである。(8)それが可能なのは「そこでは、個人は相互に全人格的に関わりあいをもつのであり、身分や役割に〝仕切られた〝存在としてではない」[33]からである。

〈AC系〉女性にとって、援助交際とは日常社会への通過儀礼であり、その時空間がコムニタスなのではないだろうか。援助交際という社会現象はコムニタスにふさわしい条件をあわせもっている。売春的行為としての反社会性、性と人格を結びつける近代社会の道徳規準に対する反道徳性、管理売春でもなく通常の恋愛関係とも異なってちょうど性交とコミュニケーションとの間に位置する境界性、性の商品化と匿名メディアの普及との双方が重なりあったことによって生じた経済的行為としての援助交際の周辺性などである。援助交際は、九〇年代の日本社会の構造の隙間・裂け目に登場し、数年のうちに流行し大きな社会問題となった。「コムニタスは、境界性《リミナリティ》において社会構造の裂け目を通って割りこみ、周辺性《マージナリティ》において構造の先端部に入り、劣位性《インフェリオリティ》において構造の下から押し入ってくる」[34]。まさに、援助交際は「社会構造の裂け目」に登場し、周辺から社会構造に入りこみ、その一部となって、マス・メディアでの援助交際報道とその議論、あるいは淫行条例や児童買春・児童ポルノ処罰法の制定[35]などにみられるように、少なからぬ影響を社会構造に与えている。

〈AC系〉の援助交際女性にみられた人格変容は、コムニタスとして援助交際をとらえることで、その存在変容の過程が理解可能となる。この存在変容は、援助交際が日常の社会構造とは相容れない時空間であるがゆえに可能となる。援助交際の時空間において、個人は日常の社会的地位や社会的自己を捨て去って、匿名的な存在になることができる。そして、性を媒介とした身体的かつ性的なコミュニケーションをつうじて、ときとして、全人格的な関係を形成するのである。これこそが、援助交際の時空間のもつ脱社会的な性質なのである。

4　新しい社会的弱者

先に、道徳的なコミュニケーションがもたらす承認不足がACを生み出すことになると論じた。承認の最高級の表現形式が尊敬であることを考えれば、道徳的なコミュニケーションが機能しない状態において、個人の人格は不全感や欠落をかかえることになる。そして社会にACが潜在化する。しかも、現代社会における人々の性格特性が内部志向型から他人志向型へ変化する、[36]という指摘を社会的事実としてとらえるならば、内面化された価値観にもとづいて目標を立て実現を目指す内部志向型の人間は、その目標の達成をとおして自分自身に承認を与えることができる。それに対して他人志向型の人間は社会や集団の人々がもつ目標や価値観にしたがって行動するため、道徳的なコミュニケーションは内部志向型よりも他人志向型にとってより必要とされる。

現代日本社会のように、他人志向型が優位な社会では、道徳的なコミュニケーションが与えることのできる、尊敬と軽蔑の重要性はより増大する。しかし、道徳的コミュニケーションが機能しなくなると、承認が人々に付与されなくなり、承認不足をかかえるACが大量に顕在化してくる。ACを特徴づける関係過敏や他者関係への恐れは、他者からの承認を得たいにもかかわらず、得られないかもしれないという不安に起因するため、道徳的なコミュニケーションの無効化は重大な要因となる。

またACにみられるような、コミュニケーションに対する恐怖や能力の欠如といった問題をかかえる人々を「新しい社会的弱者」と呼ぶことができる。現代社会における新しい社会的弱者は、他に、性的弱者やオタク、ひきこもり、ストーカーが該当するだろう。この社会的弱者は、おかれた社会状態に起因するのではなく、その個人のコミュニケーション能力に起因するのである。他者や異性とのコミュニケーションの選択が問題なのである。

性的弱者とは恋愛や性交において、性格の欠点や身体的能力の欠落によって異性（ヘテロ・セクシュアルの場合）へのコミュニケーションをうまくとれない人々のことである。ちなみに生殖機能に欠陥のある者は障害者となる。筆者のフィールドワークに関連づけて言えば、男性なら風俗産業に通ったり援助交際をしたりすることで、自らの性的幻想や恋愛幻想を満たそうとするし、女性なら援助交際において性的承認を求めようとする。後者には〈魅力確認系〉の女性が該当する。オタクはアニメや鉄道、アイドルなど、社会的に有用でないとされる特定の知識の世界に過剰にコミットすることで、自らの内的世界にその崇拝物との循環的・自己言及的なコミュニケーションを発生させ、コミュニケーションの欠損を補完している。[37] ひきこもりは「今のところ、〈引きこもり〉とは何か、という確立された定義はない」[38]状態であるが、精神科医の斉藤環は「二〇代後半までに問題化し、六カ月以上、自宅にひきこもって社会参加のしない状態が持続しており、他の精神障害がその第一の原因とは考えにくいもの」[39]として、一応の定義を与えている。共通しているのは「人間関係がつらい・わからない・信じられない」ために、家族も含む他者とのコミュニケーションがとれず、自宅の一室に長時間こもって社会との接触をもたない、もてないことである。ここには、過去の構造的・身体的な社会的弱者（外国人、被差別部落出身者、身体障害者）から、コミュニケーションに不自由な社会的弱者（AC、性的弱者、オタク、ひきこもり）への変化がみられる。

では、コミュニケーションに不自由を感じる社会的弱者が社会問題となるならば、どうすればいいのだろうか？　明確な処方箋は提示できないが、ミホの事例がその示唆を与えてくれる。彼女は彼女なりの試行錯誤をつうじて、援助交際という社会空間において自分の承認が得られる居場所を見つけだし、承認を与えられることへの依存から自己確信「私は私でやっていける」を得ることができた。このことはミホの洞察力やコミュニケーション能力に負うところが大きいかもしれないが、自らをACと認めたように、第三者機関の援助を必要としないAC回復の一つのモデル・ケースと考えられるだろう。ミホの事例は、ACを始めとする社会的弱者が、生きづらさやコミュニケーションの不自由さを乗り越えようとするとき、一つのヒントとなる。しかし、このことは簡単ではない。本章が提示できるのは、ACをはじめとする社会的弱者がコミュニケーションと社会的空間の選択をとおして、その不安や不自由から脱却できる事例を考察し、その方向性を示すことであった。

終章　援助交際にみる性・愛のゆくえ：性＝人格説批判

1　性＝人格説

援助交際において承認の与えられることが可能なのは、性と人格が直接的な結びつきをもっているからである。自らの性的身体のもつ価値が、人格に直接的で強い影響を与えるという考え方は〈性＝人格説〉と呼ばれる。「性が人間の中心にあり、もっとも大切なもので、人格の基盤である」[1]とする考えで、これに対立する考え方が、性を本能の中心と考える〈性＝本能説〉である。この両者の性に関する考え方は「近代的な〈性欲〉論の二本柱」[2]とされる。

〈性＝人格説〉の代表的なものをあげてみよう。「性活動はただたんに思春期に達した男と女の結合だけが要請されるのではない。官能だけではない場においての、他者の尊敬をともなった愛であることが必要である」[3]。この記述では「性活動」に「愛」がもちこまれている。この種の言説は、性や愛に関する言説としてはごく一般的に見受けられるものである。

「人間の性とは〈心・快楽・性殖〉が一つになっていると書いたが、売春はそれをバラバラに解体し〈快楽〉のみを商品とすることに間違いはない。この三位一体を解体すると人間は内から崩壊することも間違いない」[4]。ここからわかるように〈心・快楽・性殖〉は別々の相手に分離してされるのではなく、一人の相手に対してされるのが望ましいと考えられている。一般に「愛のともなわないセックスはいけない」とされるのはこのためである。このため、〈性＝人格説〉は売買春に批判的になる。さらに「売春婦、人が性交のために金で買う女に転落するということは、重大な社会的問題をひきおこす人間的愛の逸脱である」[5]とされる。ここで語られる売買春を否定する根拠とは「心・快楽・性殖の三位一体」や「人間的愛」であり、排斥されているのは快楽や金と結びついた性交である。つまり売買春は心や愛がともなわないから排斥されるのである。

　ここで語られる愛や心、人格といったものの正体は何であろうか？「家庭と愛《ラブ》と情愛の絆によって結ばれている娘は決してコール・ガールにはならないのである」[6]。ここに、家庭愛と異性間の愛と友愛があげられている。また神経生理学者P・ショシャールは「異なった性の個体のあいだで、この親愛の情は特別な色彩を獲得し、そして性的な愛に自らを方向づける性的な関係は、たとえ一気に目的に走るにせよ、まず最初には、人格相互の尊敬の法則がそれに適応される人間的な社会関係であるべきである」[7]と、人格相互の尊敬にもとづいて、異性間の性愛が築かれるべきだと述べる。

　以上のように、愛、尊敬、心といった概念を性に導入し、重ねあわせ、性交と結びつける言説は「親密性パラダイム」[8]と呼ばれる。「〈性＝人格説〉の内部にもいくつかのバリエーションがあり、これらはしばしば逆立したり、対立したりする。一つは、性を人格の中核的基盤とみなすことによって性的なアイデンティティ（自己同一性）を特権的に重視するようなベクトル（フロイト式の性＝人格論）であり、もう一つは性を親密な他者との関係性のなかに配置し、恋愛やコミュニケーションに同化させるベクトル（カント式の性＝人格論）である」[9]。親密性パラダイムでは、性は「親密な他者との関係性のなかに配置」され、「恋愛やコミュニケーションに同化させ」られる。

現実においては、フロイト式の性＝人格論と、カント式の性＝人格論は相互に関連しあっている。「私見によれば、性は人格の一部であり、したがって人格権の内容をなすものと考える。売春はこの人格を売ることに外ならない」[10]という考えはフロイト式の性＝人格論に立っている。このことは、レイプが被害者女性の人格を傷つけることからも理解できる。現代社会において性は「人格のなか核的基盤」となっているのである。またフロイト式のそれは女性だけでなく、男性にも影響している。風俗ライターの松沢は、風俗産業を利用する男性について「たかだかチンコすりの代金払っただけで、全人格まで自分のものにした気になるバカな客が多い」と述べている。風俗嬢の「全人格まで自分のものにした気になる」[11]男性が多いのも、その影響だと考えられる。そして、このフロイト式の性＝人格論は、愛する相手と性交の相手が一致することをとおして、カント式の性＝人格論と結合する。

カント式の性＝人格論について考えるならば、制度としての近代社会において性の二重規範に束縛されている現代女性にとっては、性交と愛を結びつける方向でしか、性交は社会的に許されない。もし女性が性交を愛のない状態で、性的快楽や金銭の取得に結びつけるならば、彼女たちの人格は損なわれたとみなされ、スティグマが付与される。つまり、フロイト式の性＝人格論とカント式の性＝人格論は相互に結びつき、補完しあっているのである。またここには、家父長制をもとに構築された近代社会における二種類の女性の弁別、すなわち家父長制の内側に位置づけられる貞淑な妻や娘と、その外側に位置づけられる愛なき性交をする売春女性との弁別がある。

2　家父長制における二種類の女性

このように、〈性＝人格説〉の本質をなすのは、異性間の人格的な尊敬を基盤として築かれた愛にほかならない。この愛が異性間の性交にもちこまれることで、性交は二種類に弁別される。正当とみなされる異性間の恋愛から派生する性交と、正当とはみなされず排斥される愛情のともなわない性交である。そして、家長である男性の妻や娘といった女性がする性交を、愛情にもとづく正当な行為として囲いこみ、愛情がともなわない性交をする女性を「売春婦」や「淫乱」「ヤリマン」と名づけ、スティグマを付与し蔑み、その外におく。また家父長制のなかで男性は女性を二種類に弁別し、この二種類の女性との性交を自由にすることができる。

この弁別とその観念は、広く現代社会の男女に共有されている。売春や援助交際をする女性にとって、愛情のない相手との性交の代償として金品を受けとるのは、当然のこととして考えられている。ミナホは、援助交際の相手から金品をもらうことについて、「それは当然の結果としての報酬です」と話し、その理由を「こちらは肉体を与えたんだから、当然の報酬。そうじゃないと、誰がHします?」〈◎55〉と述べている。愛情のない相手との性交をする代償として金品を受けとることが「当然の報酬」にされてしまうのも、家父長制が女性に対してしている、性交に対する二種類の弁別に起因するのである。

とくに〈バイト系〉の援助交際女性は、この近代的な恋愛観、〈性＝人格説〉に影響を受けているのである。そのために、〈バイト系〉の女性はマグロ状態で性交に応じる。

◎68……………………

筆者：誰とでも（Hして）イク（エクスタシーに達する）わけじゃないよね？
ユイ：違う。
筆者：何が違うんやろうね？
ユイ：やっぱ、なんつうのかな、自分が本当に好きな人だからこそ、イケるみたいな。だから自分が好きじゃないし、こういうふうな感じで援助（交際）でやる（性交をする）のでは、ぜんぜん何も考えないのね。「あぁー、気持ちいい」とも考えてない。「彼氏だからこそ、気持ちいいんだよ」みたいな。

ユイには将来の結婚を話しあっている同棲中の彼氏がいる。内面において、彼氏との性交と援助交際男性の性交とを、近代的な二種類の弁別にしたがって区別しているのである。つまり、家父長制の内側に属する彼氏との性交と、その外側に存在する援助交際男性との性交とに分け、この二つを差異づけるために、快楽を配分しているのである。彼氏との性交には正当性の担保として快楽が配され、彼女は意識的、無意識的に「イク」ことを操作している。また援助交際男性との性交は快楽をともなわないために、第四章で論じたように、家父長制のなかで囲われた少女的身体のもつ性的価値を金銭と交換する経済的行為、つまりアルバイトとして正当化される[1]。それゆえイントロダクションで論じたように、家父長制の枠内において、この制度から最大限の利益を引き出すことができるのは、まさに〈バイト系〉の援助交際女性である。したがって、〈快楽系〉や〈魅力確認系〉、〈ＡＣ系〉の女性とは位相が異なっている。

3　愛情と性交のコントロール

では、いつ近代的な恋愛観、〈性＝人格説〉が誕生し、広まったのだろうか？　簡単な見取り図を示してみよう。日本社会に、愛（love）の概念が西洋から輸入され、広まったのは明治中期以降である。それまで日本に存在していた色という概念も、精神と肉体の一致、恋愛対象と性交対象が同一人物であることを理想とする愛によって駆逐されていく。(2)精神と肉体の二元論を土台としない色は精神的な愛情のともなわない性欲として了解されていく。その結果として、「男性は、女性のカラダだけを求めるという欲望をいだき得るようになった。こうして、売春は女性のカラダのみを求める場に転化した」[12]とされる。そして、売春女性は女性一般の枠から除外されて「売春婦」としてのスティグマの付与と、イントロダクションであつかった池袋事件にみられるような差別を被ることになる。

明治時代には、女性に対する現代的な弁別、一般女性と売春女性を分ける区別はなかったと考えられる根拠もある。明治の元勲の多くが娼妓をその妻としたことや[13]、一八九一（明治二三）年から五年間、日本に滞在したドイツ人宣教師が残した記録には日本に売春婦が多いことを記述しながら、ある日本人作家の言葉を借りて「これらの少女がヨーロッパの売春婦のように内面的に駄目になっていないこと、この職業が西洋におけるように道徳的人格の根絶という結果を導かない」と述べられていることである。そして、売春女性であった娘が結婚すると「夫は妻の貞操に信頼をおくことができる。彼女は、誠実な妻という新しい職務を完全に全うするより高い目的を知らないのである」[14]と報告されている。明治初期から中期にかけて、売春女性を妻とすることが社会的に非難されることではなかったことがわかる。池袋事件のように、売春女性やそれに類する個人の人権が保障されず、さまざまな差別や偏見にさらされる現代日本社会が、明治期の社会と比較して、性や愛についてより進んだ社会であると断言できる根拠はどこにあるのだろうか？　このころまで、家父長制の影響下で性交と愛を結びつける、〈性＝人格説〉が社会に浸透していなかったことが推測できるだろう。

〈性＝人格説〉の浸透によって、何が変わったのか？　それは女性における性交の意味合いである。つまり、女性が性交をするとき、それが愛にもとづくか否かが厳しく問われるようになったのである。「だが〈愛〉はなぜ、それほどまで〈権力〉なのか？　それは、女が、〈性〉によって貶められないためである。〈性〉によって貶められることから女を守ってくれるものが、いまのところ〈愛〉しかないからである」[15]。結局のところ、性交を、愛の証しとしてではなく、性的快楽や金品取得のためにする女性は、現代社会では一個の人格的な存在とはみなされない。そうして男性から対等な人格的存在として選ばれ、愛される権利を失うのである。それゆえ、女性にとって愛は至高の価値をもつのである。

しかし、男性においてはこのことはあまり問題とならない(3)。男性は家父長制の枠に囚われず、家父長制の枠内では貞淑な妻と娘を保護し、枠外では売春女性との性交をすることができる。第三章1―2においてみたように、二五歳以上の男性における買春経験率は五一・七％である。男性が女性とより多く性交することは男性性を高める（「千人切り」）が、女性の場合は女性性を高めることはない（「淫乱」や「ヤリマン」）。こうしてかたち作られた女性イメージは、男性にとって有利なものとなる。『モア・リポート』は女性の性と身体に関するアンケートから、女性たちが記した「女らしさ」に関する言葉を拾いあげている。「優しさ、従順、一歩下がった存在、処女、受け身、子供を産むこと、妻・嫁・母の役割、色気、貞淑、献身、清潔、可愛気、消極的、自己犠牲」[16]。これらの言葉で示される女性イメージは、女性における愛と性を配分・コントロールすることによって、女性を家父長制の枠のなかに閉じこめ、男性の優位を保つために構築されたものとして考えることができる。

4　脱・性＝人格論的なパラダイムの可能性

このような性の二重規範は、近代社会において「カネで買えるセックス（商品としての性）が成立したからこそ、〈タダでやるセックス〉（商品ではない性）が愛＝人格の名において特権化されたのだ」[17]と述べられるように、愛としての性と商品としての性は、性交をつうじて二分化される。この現象に通底しているのは、〈性＝人格説〉という観念である。援助交際の取材をつうじて、性に関わる事柄が性別関係なく個人を強く規定し、抑圧し、強制する権力となっている状況をみてきている。であるからこそ、この性の枠組みの根底にある〈性＝人格説〉に批判的である。たとえば、筆者は〈欠落系〉の援助交際女性たちをとおして、この観念がいかに強力で、彼女たちの意識を拘束してきたかをみてきた。とくに〈AC系〉の女性たちには性的なトラウマを背負っている女性が多い。

ここで、〈性＝人格説〉が支配するセクシュアリティ（性現象）を変容させる可能性をもつ二つの視点を示したい。一つは、〈性＝人格説〉を否定し色の復権を唱える方向性、もう一つは「脱・性＝人格論的なパラダイム」[18]の可能性である。以下で意図しているのは「愛情とは、ほんとうは、こころと肉体が一つにとけ合ったものなのに、肉体的なものだけがすべてのようにおもいこんでしまう」[19]という言説にみられる〈性＝人格説〉を否定し、新しいセクシュアリティの表現を模索することである。それぞれ論じてみよう。

現在、男女間の性交は、愛情にもとづくものと、性欲や金品にもとづくものに二分されている。しかし、そもそも男女の間で合意のうえでされる性交に、愛にもとづくもの、性欲や金品にもとづくものと二分できるようなものがあるのだろうかという疑問から、第一の視点は成り立っている。ここで提唱する色とは、わかりやすく言えば、ある人が性交したいという欲望を他者に表現した時に、他者が「これは愛（人格的な結びつき）なのか？　それとも、体が目あて（性欲）なのか？」と考えず、相手に魅力を感じれば応じ、そうでなければ拒むという事態をさしている。つまり「明治以前は、男が女について「好き」とか「恋しい」とか「惚れた」とかいうことは、すなわちその女と一緒に寝たいということ」[20]が色であり、そこに愛が存在するかどうかを考える余地のない、性と愛が未分化な状態である。

また、性交を愛情にもとづくものと、性欲や金品にもとづくものに二分して考えてしまう現代社会の個人には、想像できない性風俗が性の近代化以前には存在した。「前近代の日本は、性については、もっとおおらかであった。男女混浴、夜這い、女の夜這い、筆下ろしのゴケ、一村全体が売春する漁村など、ごく最近までそうした風はあった」[21]。また民俗学者の赤松啓介は近代的な性規範が浸透する以前の村の性民俗を次のように記述している。「ムラの生活では男も女も比較的早くから性交の経験をするので、いわば初交など道で転んでスネをすりむいたぐらいの感覚であり、貞操を失ったとか犯されたなどと大騒ぎするほどのことではない」[22]。初体験についてミユキが語った言葉「最初って大事でしょ、それに最初の始まり方がそんなん（レイプ）で」〈◎41〉と対比してみれば、この違いが明瞭となる。赤松の記すような性民俗が存在したのならば、ミユキのトラウマと苦しみはなかったかもしれない。しかし、色が駆逐され、愛に関する言説が浸透した現代社会では、性と愛が未分化な状態において可能だった色の復権は懐古的なロマンティズムの一種とみなされ、現実的な考え方にはならないだろう。

第二の点である脱・性＝人格論的なパラダイムの可能性について考えてみよう。これは、性と愛が分化してしまったことを前提にして考察されている。筆者はその可能性を〈快楽系〉の女性たちにみる。提示するのは、生殖としての性交でもなく、快楽としての性交でもなく、コミュニケーションとしての性交でもない、趣味としての性交である。

その前に援助交際女性の類型と、〈性＝人格説〉との関係について述べてみよう。〈バイト系〉の女性は性交の目的として愛と金品の獲得とを使い分けることによって、家父長制の内部と外部を往復し、家父長制そのものから最大限の利益を得ている。彼女たちは自らの内面に愛のある性交をおき、外部に金品を得る性交を配置することで、〈性＝人格説〉の影響下にある。〈魅力確認系〉の女性は「性を人格の中核的基盤とみなすことによって性的なアイデンティティ（自己同一性）」の獲得を目指すフロイト式の性＝人格論の影響下にある。〈AC系〉の女性は過去に受けたトラウマや自己への信頼度の低さを、援助交際における他者とのコミュニケーションから得られる承認によって補完し、自己への信頼感や自信を獲得する。このことは「性を親密な他者との関係性のなかに配置し、恋愛やコミュニケーションに同化させる」ことである。〈AC系〉の女性にとって、「親密な他者」が存在せず、また「恋愛」をすることが不可能な状況下で、援助交際におけるコミュニケーションが代替物として作用しているのである。つまり、〈AC系〉の女性はカント式の性＝人格論の影響下にあると考えられる。

これら三つの類型に対して、〈快楽系〉の女性は少し位相を異にしている。〈快楽系〉の援助交際女性は、金品を得ることにも性的快楽を得ることにも肯定的である。筆者からみて、この類型のなかにはコンプレックスもトラウマも、自己の不全感もない女性が存在した。〈快楽系〉の女性は、〈性＝人格説〉、すなわちフロイト式の性＝人格論にもカント式の性＝人格論にも、影響されていないように思える。この類型の女性たちにとって、性交などは食事や睡眠のような日常的な意味合いをもつ行為であり、なんら特別な意味合いをもたないとは言えないまでも、他の類型の援助交際女性や、愛情を前提に性交をする家父長制の枠内にいる女性たち、そして家父長制の影響下にいる男性たちと、性交や性愛に対する考え方や意識のあり方は大きく異なっている。

援助交際でする性交を「趣味と実益を兼ねたなんて楽しい仕事や」と話すマイのインタビューを参考にして考えてみよう。

◎43……………

筆者：（もし）「なぜ援助交際を始めたんですか」と訊かれたら、（そこには）どんな心理的な動機があったんでしょう？

マイ：心理的な動機？　この気持ちいいのはどこまでよくなるんやろう。

筆者：好奇心？

マイ：探求心。どんなHがほかにあるんやろう。（中略）まぁ、言うたら、根っからのスケベェの好奇心、探求心かな。

筆者：ほかの女の子やったら、断っていたり、逃げてたりすると思うんですけど。

マイ：たぶんそうやと思う。世間一般的にはそうやと思う。

筆者：その子らはスケベじゃない？

マイ：う〜ん、ただそういう気持ちがもっていかれへん、だけちゃうかな。その、やる前、だから処女捨てる前に、いろんな情報っていうのが入ってくるやん。で、そのなかで、Hは好きな人と（するべき）か、自分のなかで思い描いているイメージっていうのがあると思うねん、（中略）頭のなかで、その子らがイメージしているシーンっていうか、ムードっていうのがそういうのになれへんから、入っていかれへんのちゃうかな。

筆者：援助のHでもイカない、感じないって言う人が多いんですけど、そういう人って、（性交相手を）好きじゃないと感じないって思っているから、なん（性的快楽を得られない）でしょうか？

マイ：そうやと思うよ。

筆者：そういうふうに思いこんでガードしている？

マイ：そうそう、どっかで自分に釘刺しているんちゃう。わからんままに。私そんなん釘刺さっても、ぬいてしまうし、自分で刺さってないし、初めから刺さるところもないし、なんか、はね返してしまうんちゃう。

ここで、マイが語っているのは同じジェンダーをもつ女性であっても、自分とは異なっている観念をもつ女性との差異である。マイからみれば、彼女たちは「世間一般的に」「Hは好きな人」とすべきというイメージを描いており、援助交際における性交で快楽を得ることを自制している〈バイト系〉の女性と同じように、自己の性のあり方について「どっかで自分に釘刺している」状態にある。これは、家父長制のなかで弁別され、その枠内に囲われている女性である。「Hは好きな人」とするのが望ましいとする観念は「自分のなかで思い描いているイメージ」に過ぎないと、マイは語る。マイには、性交に対して「どっかで自分に釘刺している」ことはなく、「釘」である社会的な性規範や、それに逸脱した者に向けられるスティグマへの恐れもない。家父長制における愛と性的快楽のあり方について、マイの発言は新鮮に映る。もう少しマイの発言をみてみよう。

◎43……………………

筆者：（一般の女性たちには）恋愛の縛りみたいなものがありますよね？

マイ：うーん、そうそう。だからどっかで、自分でブレーキかけているんやろうし、釘刺しているんやろうし。

筆者：釘を刺さんようにするにはどうしたらいいんですか？　体験者としては？

マイ：どうやろう。私は初めからそうやったから、そんなん考えたことないわ。

筆者：どっちが楽かと言ったら、そうやって自分で縛りをかけるよりも、解放した方が楽？

マイ：うん。気分的にも楽やし、後で、せえへんかったらよかったって思うんちゃう、普通の女の人やったら。なんか気分でやってもうたけど、やめとった方がよかったわ、やっぱりとか。どうなんやろう、私は別に、何べんも言うているけど、自分がその時、楽しければいいから。

筆者は、マイが恋愛という規範に囚われていないのではないかと考えて質問をしている。「普通の女の人」は自分の性のあり方やその行動に「自分でブレーキかけているんやろうし、釘刺している」と考えている。そして、マイが「普通の女の人」とは違っているのは、インタビュー中に何度も彼女の口から出た「自分がその時楽しければいい」という言葉にみられるように「世間一般」の価値判断によってではなく、「今、ここ」という基準によって自己の性のあり方を決定している点である。彼女にとっては、自己がその時点において楽しめるかどうかが重要なのである。この考え方は、快楽主義的であるという批判があるかもしれない。しかし筆者は快楽主義ではなく、趣味という視点からこのことを考えてみたい。それは、本能でも、アイデンティティでも、愛でもなく、趣味という観点から性を考える視点である。

マイが援助交際を「趣味と実益を兼ねたなんて楽しい仕事や」と語るように、今回のフィールドワークをとおしてただ一人、面接インタビューが可能であった援助交際男性であるウエダは、家父長制の枠外で、妻以外とする、不倫相手や援助交際における性交について次のように語っている。

◎63……………

筆者：奥さん以外の女性とセックスするって、罪悪感とかはないですか？
ウエダ：ないですね。
筆者：まったくですか？
ウエダ：まったくというわけじゃないけど、まぁ、ほとんどないですね。
筆者：何でですか？
ウエダ：何ででしょう。私の場合、おかしな話、一種の楽しみやね。趣味みたいなもんです。男の。だから裏切っているとかそんなんはないですね。

妻と月一回程度の性交しかないウエダにとって、性交は「一種の楽しみやね。趣味みたいなもん」である。マイと同じく、性交は愛情の証明や確認のたぐいでも、結婚生活における義務や奉仕として正当化されるものでもなくて、楽しむものであると語っている。この趣味という視点こそ、現代社会の強固な性規範である〈性＝人格説〉を乗り越えられるとは言えないまでも、その向こうにある、セクシュアリティのあり方なのではないだろうか。

ただ、援助交際においては金品が介在していることについては問題点が残ると思う。筆者は、性交を含めた性的な行為が金品を媒介にしてされることは、それにかかわる個人の自己決定の問題であり、そのことについて善悪は問えないと考えている。むしろ、性的な行為が金品を媒介にしてされることが社会的に許容されず、セクシュアリティが〈性＝人格説〉の影響下にあるからこそ、性的行為に金品が媒介することによって、両性にとって愛情や親密な関係を必要条件とする現代社会の性規範を相対化し、乗り超える可能性がみえてくるのではないかと考える。

マイのような〈快楽系〉の女性やウエダのような男性は、現代社会において、自らのセクシュアリティを実現するために、金品の介在と匿名性という二つの手続きを必要とする。この二つの手続きの存在が既存のジェンダー構造を崩し、社会から付与されるはずの非難やスティグマを無効にしている。とくに女性の場合、「お金」という語彙と匿名性が「ヤリマン」や「商売女」といったスティグマの付与から彼女たちを守っているとさえ考えられる。

まさに援助交際は、現代日本の性の自由さと不自由さの表象である。そして、現代の日本社会における性、愛、コミュニケーションがかかえる諸問題を顕在化する。また同時に援助交際をとおして、おぼろげながらも、新しいセクシュアリティの存在可能性がみえてくるのである。

あとがき

本書の刊行に際して、以前、取材のために使用していた六回線の伝言ダイヤルに、メッセージを吹きこんでみた。

「こんばんは、私は三〇才の大学研究員です。今、援助交際の取材をしています。取材と言っても、簡単なインタビューをするだけで、女性側のプライバシーや秘密は厳守いたします。本名や現住所、電話番号などを聞くことはありません。こういう援助交際の取材に応じてくれる方、興味のある方は、090—90××—××××までお電話ください。なお、いろんな相談にも応じています。気軽にお電話ください。090—90××—××××です」。

この種のメッセージは、軽く千回を超えるほど、吹きこまれてきた。しかし、このメッセージを聞いて、電話をかけてくる女性はいなかった。九七年五月から、二年半以上、伝言ダイヤルを主な取材ツールとして用いてきたが、二〇〇〇年に入ってから、反応が極端に鈍くなっている。もうブームとしての援助交際は終わったのだと思う。新しい売買春形式としての援助交際はテレクラ・伝言ダイヤルからインターネットや携帯メールに移行している。匿名性を維持したままで、簡単にかつ安全に男女が出会えるメディア（媒体）が他に普及したのだ。

ブームとしての援助交際の終焉を考えると、一人の援助交際男性の言葉を思い出す。

「今日、来たっていうのは、まずやっぱり興味半分以上あって、(それと) こうやって学生さんがやってはるということで、どんな人かというのんと、何を聞かれるかというのが興味あったんと、まぁ、そうやっぱり、思っていることを聞かれているのが納得しましたね。(そして) 何を感じて (援助交際に) してんのかということを、再確認したって言うんかな」。

ウエダと名のる四六歳の男性は面接インタビュー取材に応じた理由を「興味半分以上」と語り、「何を感じて (援助交際に) してんのかということを、再確認」したと自己分析している。援助交際の当事者たちの約七割が謝金なしに、面接インタビューに応じてくれた。彼/彼女らは、ウエダが話すように、援助交際にかかわる自分を再帰的に認識するために、つまり自分にとっての援助交際の意味を理解し、確認し、自己を再認認するために、筆者の目の前に現れたのかもしれない。

なお、各章の下敷きとなった発表論考は、第一章「〈援助交際〉というコミュニケーション—援助交際の社会学①—」『関西学院大学社会学部紀要』第八一号、第二章「援助交際女性の類型論—援助交際の社会学②—」『関西学院大学社会学部紀要』第八二号、第三章「〈父と娘〉のドラマトゥルギー—援助交際の社会学③—」『関西学院大学社会学部紀要』第八三号、第四章「擬似イベントとしての援助交際—マス・メディアにおける現実構成—」『大阪女学院短期大学紀要』第三〇号 (原稿受理日二〇〇〇年九月九日)、第五章「援助交際における性の商品化の様相—援助交際の社会学④—」『関西学院大学社会学部紀要』第八四号である。これらの論考に大幅な修正・加筆をしている。

本書の執筆・刊行に際して、多くの方々にお世話になった。まず筆者のインタビューに応じてくださった匿名の人たちに謝意を表明したい。ありがとう。

そして、人間としても、研究者としても大人になっていない、なれない筆者を励まして支えとなってくれた先生、先輩、同輩、後輩たちにも感謝いたします。まず最初に、援助交際のフィールドワークについて、さまざまな助言と協力をいただいた東京都立大学人文学部助教授宮台真司先生に。先生の著作にめぐり会わなければ、援助交際のフィールドワークは存在しえなかったでしょう。また関学出版会に紹介の労をとっていただいた、関西学院大学社会学部教授宮原浩二郎先生、同じく助教授難波功士先生、ありがとうございました。さらに、本書の執筆にあたって、原稿をご覧になっていただき、さまざまな励ましと助言をいただいた、関西学院大学社会学部教授三浦耕吉郎先生、京都大学人文学研究所助教授大浦康介先生、同じく助教授田中雅一先生、京都大学文学部教員松田素二先生に、そして関学出版会編集委員長の関西学院大学文学部教授田和正孝先生に、心からのお礼を申しあげます。最後に、本書の刊行に際して、企画段階から構成や内容について励ましと貴重な助言をいただいた関学出版会の皆様、ここに記して感謝の念を捧げます。

二〇〇〇年一一月末日

圓田　浩二

《注》

●……イントロダクション

（1）本書においては、女子高校生とマス・メディアがつくりあげた〈女子高生〉を使い分けている。〈女子高生〉による援助交際とマス・メディア報道との関係については、第四章において考察している。

（2）性に関する社会調査は、四八年に合衆国で発表されたキンゼイ・レポート［Kinsey 1948=1950］以来、調査対象者が自らの意志で調査に応じるという自発的なサンプルでしかなく、社会調査から性に関する一般論を引き出すのは困難とされている［上野 九六］。しかし、近年ランダム・サンプリングを用いた「科学的に正確な調査データにもとづいて書き記した」［Michael・Gagnon・Laumann・Kolata 1994=1996 p.5］とされる定量調査報告書『セックス・イン・アメリカ』［Michael・Gagnon・Laumann・Kolata 1994=1996］が発表されている。

（3）筆者が伝言ダイヤルに吹きこんだメッセージとは「私は二八才の男性で社会学の研究者をしています。今、援助交際をしている女の子や伝言ダイヤルで遊んでいる女の子に、お話を聞くという取材をしています。こういう取材に応じてもいいとか、興味あるという方はご連絡下さい」というものである。

（4）具体的な事例として、九七年一〇月に東京学芸大のグループが無作為に抽出した関東圏の女子高生九六〇人の家を訪問し、調査票を渡す形式で調査をし、六〇〇人から回答を得ている［福富 九八］。この調査では全体の五・〇%がなんらかのかたちで援助交際をし、そのうち性交までをしたのは二・三%という結果が得られた。理由の第一位は「お金が欲しかったから」である。

（5）たとえば、電話インタビューというかたちで東京多摩市在住の離婚歴一回、三四歳自営業者の独身男性のケースがあげられる〈◎67〉。この男性は六、七年前から三〇〇人の女性と援助交際をしている。三〇分以上電話で援助交際について尋ねた時点で、以前から筆者が強い関心をもっていた質問をした。尋ねたかったのは援助交際でお金を渡すときの気持ちや、なぜ風俗に行くのではなく援助交際をするのか、援助交際をする男性は性的弱者、俗に言う「もてない男」なのかどうかといった質問である。電話インタビューは相手の顔が見えないために、この種の相手のプライドや面子を左右するような質問を投げかけるタイミングが難しい。現実に、この電話取材も相手が怒って喧嘩別れになってしまった。「(援助交際)やらない男のことは考えたことがない」「俺は俺(筆者には関係ないこと)」と質問をかわされたあげく、「何でこんなこと(調査)をしてるんだ?」という話になってしまい、最後には喧嘩別れになってしまった。

(6) マス・メディアによる報道の歪曲や捏造の問題、いわゆる「ヤラセ」についてはここでは取りあつかわない。ただ援助交際の報道について面白い事例をフリーライターの栃内良は紹介している。彼は以前、援助交際の取材で出会った女子高校生と、覚醒剤の取材記事を書くために再会している。「援助交際だけでなく、クスリもやっているの?」という彼の問いかけに対して、彼女は「私、ホントは援助交際もクスリもやってないです」と答えた。彼女は、取材において顔や声から身元が明らかにされることがない措置であるプライバシーの保護を利用して、テレビや雑誌の取材を何度も受けている。彼女にとってマスコミの援助交際やクスリの取材は、誰にだって答えられる「いいバイト」と位置づけられている[栃内　九六:五〇—五二]。

(7) 夜鷹については、比較文学者として近世以前の性愛に詳しい佐伯順子の次のような話がある。「よく、高級な花魁だからこそ神格化されるのであって、夜鷹なんかはただの売春婦じゃないかって言われるんですけど、文学のなかでは、夜鷹が花魁に対して、「あなた方は虚飾にまみれて、外見を神々しく飾っているだけだけど、私たちこそ掛け値なしの色恋の本尊なんだ」というふうに自信を持っていたりする」[伏見　二〇〇〇　八七頁]。

(8) 江戸東京博物館の五階にある遊廓吉原の展示パネル「遊女の実像」には「遊女の平均寿命二二才ぐらいといわれている」とある。

(9) 明治期から第二次世界大戦終了までの間において、売買春問題を論ずる際に欠かせない項目である「からゆき」「従軍慰安婦」については、吉見[九二]、金[九七]の文献を参照のこと。

(10) 赤線に属する五四五七九名の売春女性が職を失い、青線・街娼に属するとみなされる女性六八九〇九名が闇に消えたと言われている[伊藤　九七　四四頁]。

(11) 正式名称は「個室付特殊浴場」で、客が料金を払って個室に入り、浴室のなかで女性からさまざまな性的なサービスを受けながら、「本番」と呼ばれる性交をすることのできる風俗店。個室内は自由恋愛を建前としていたため、売春防止法には抵触しない。五八年の売春防止法の施行によって、東京吉原に誕生した。「ソープランド」に名称変更する前は「トルコ風呂」と通称され、警察関係は「個室付浴場」、厚生省は「特殊浴場」と呼んでいた［広岡　二〇〇〇　三三四頁］。トルコ風呂の第一号は五一年に誕生した「東京温泉」であるが、当時は個室にマッサージ嬢が付くだけの健全なものだったという［伊藤　九七　一六二頁］。最盛期の八八年には概数で全国に千六百軒のソープランドが存在し、そこにソープ嬢二万五千人が働いていたとされている［千田　九四　一八五頁］。

（12）スティグマ（烙印）とは、もともとギリシア語で、奴隷や犯罪者の身体に刻印された有徴の印を意味する。社会学においては、ある人が他の同類の人々と異なっていることを示す、好ましく思われない身体的、社会的、性格的な差異である。スティグマについて社会学的な考察を展開した文献として、ゴッフマン『スティグマの社会学』［Goffman 1968=1980］があげられる。

（13）ホテトルとは、男性客が性交相手である女性を紹介してもらうために、事務所に連絡して、女性を指定した場所、ホテルなどに派遣してもらうシステムをさす。サービス内容や派遣される女性のプロフィールは、客の好みに応じて提供される。

（14）本書で使用する少女とは「少女という言葉は、一般的には少年（男子）に対して使用されるが、少年の健全育成を期して制定された少年法では、二〇歳に満たない男女すべての者を少年としている。したがって男女の区別が必要なときには男子少年、女子少年ということになる。本書で少女という場合も、少年法をふまえて二〇歳未満の思春期から青年期の女子とする」［松本　九五　一三頁］にしたがって、思春期の一二、一三歳から二〇歳未満の女性をさす。

（15）ウラバン少女について、石原は次のように記述している。「ウラバンを自称する中、高生は級友の前でも「いい子」であろうとつとめている。このあたりがいわゆるスケバンと大きく異なるところだ。これを巧くやりおおせていると思われる少女は、私が会ったなかでは四、五割、三〇人前後だった」［石原　七五　二六七頁］。

（16）援助交際と少女売春との類似点として、第三者が介在せず個人の自由意志によってされていたことと、相手の男性を選択していたこと［吹上　七五　一八一頁］の二点があげられる。

（17）コギャルとは九〇年代に流行した、茶髪、ルーズソックス、ミニスカート、顔黒《ガングロ》（顔が日に焼けて黒いこと）というファッションに身をつつんでいる女子中・高校生の呼称である。

(18) この調査は、総務庁青少年対策本部が九六年発表した『青少年と電話に関する調査研究報告書』に拠っている。岩手、埼玉、愛知、和歌山、鹿児島県の中学二年生、高校二年生の男女と、その保護者を対象に、二一九六人の有効回答を得ている。

●………第一章 援助交際とは何か?

(1) 『全国交際新聞』は、七一年に津川幸三が始めた日本初の夫婦交換メディアである。七三年には発行部数二千部になっている[伊藤 七七 六六頁]。

(2) 八二年に「夕ぐれ族」という名前で誕生した、男性と女性の交際を仲介する組織である。男性二〇万円、女性五万円の手数料で男女交際を仲介した。八四年に売春防止法によって摘発され、主催者は逮捕され、組織は解散した。

(3) ここで使用するデートクラブとは、九〇年代前半に登場した主に女子高校生を対象としたデートクラブである。業者が女性たちに居場所を無料で提供し、男性客は入店料を払って入室し、好みの女性がいれば、デート料を支払って外に連れ出すことができるというシステムである。デートの中身は交渉しだいである。

(4) 調査方法は、全国の有権者から層化無作為二段抽出法で選んだ三千人に対して学生調査員が個別に面接調査をした。有効回答数は、二二〇四人(内訳:男性四九%、女性五一%)であった[『朝日総研リポート』NO・一三〇 九八・二 朝日新聞総合研究センター 一一七―一四二頁]。

(5) ここで性的行為に関する言葉の使用について述べておく。性交とは男性の射精や女性のオーガズムをともなうこともある 女性器への男性器の挿入という行為をさす。性交intercourseは「通常「性交」を意味する。狭義の性交は、ペニス(陰茎)とヴァギナ(膣)の交合を意味するが、広義には性器と口唇、肛門、乳房、大腿部、手掌などの性器と性器以外の接触も含める」[北山 九四 一三頁]と述べられるが、本書では狭義の性交を性交として使用する。広義の性交は性的行為となる。文中では性交の俗語としてHという言葉がしばしば登場する。また性的行為とは身体を触らせる、性器や裸を見せるという行為から、フェラチオやアナル・セックス、SMまでを含む言葉として使用する。

(6)女性とお酒を飲むサービスを提供する酒場である。女性はミニスカートのボディコンファッションなど、性的魅力を強調したファッションに身をつつんでいるのが主流とされている。八五年にクラブとキャバレーをあわせた業種として登場した。

(7)援助交際相手である男性を女性側が客と呼んだ事例は、筆者が調べたかぎり、たった一例だけである。「私は今まで援助交際をしたことがあると言う何人かのAV女優と会ったことがある。だが、援助交際を仕事、自分を抱いた男を客と言ったのは秋野しおりが初めてで、私は、素敵な人だな、と思った。なぜなら、援助交際という言葉でぼやかされた売春という行為の意味が、秋野しおりの言葉により、輪郭をはっきりとさせ活性化したからだ」[永沢　九九　五五四頁]。本章で記述したように、援助交際において女性の男性への選択が認められているかぎり、管理売春や風俗産業とは違って、相手の男性を客に位置づけることはできない。したがって、この記述は援助交際を十分に理解したものとは言いがたい。

(8)風俗産業の一つで、客が料金を払って、個室で女性から性的なサービスを提供される。一般的には、客はシャワーを浴びた後、女性からキス、全身舐め、フェラチオ、シックスナイン、素股などのサービスを提供され、射精をさせてくれる風俗店とされる。「本番」と呼ばれている性交はしない。

(9)「逆援助交際」とは、女性が男性を買う援助交際である[『AERA』九九・一一・一一　五八—六〇　朝日新聞社]。

(10)「僕のゲイ友だちを見まわしてみると、ウリ専(男性相手の売春)で働いてたヤツとかそんなに珍しくなくて、それこそ東大生もいるし(笑い)、軽い気持ちで「お小遣い稼ぎができるから」っていうのでやっていた」[伏見　二〇〇〇　六四頁]。

●……第二章　援助交際の女たち

(1)この章では「社会学は、類型概念を構成し、現象の一般規則を求めるものである」[Weber 1922=1972 p.31]と記述したM・ウェーバーにしたがって、援助交際という社会現象における理想型としての類型概念を構成している。類型を構成する目的は「なによりもまず、無限定な多数の固体をあるかぎられた数の類型におきかえることによって、科学的作業をより簡略化することにある」［Durkheim　1895=1978　p.172］。つまり、ある社会や集団を観察・記述・理解する際にそのなかに包含される事象や個人に焦点をあてるならば、多くの労力を費やすことになってしまう。しかし、いくつかの限定された数の類型を抽出し、その類型によってその社会あるいは集団を把握するならば、観察・記述・理解、さらには分析・予測という作業は容易になる。

（2）もちろん、この違いは筆者自身の属性に起因しているかもしれない。調査者である筆者が関西生まれ関西育ちであること、その年齢が二〇代後半から三〇歳までの間にされたことがあげられるだろう。関西圏にヤンキーが多く、インタビューがやりやすかったという感触は、このことに起因しているかもしれない。もちろん、筆者は関西圏のコギャルタイプの援助交際女性にもまた、関東圏のヤンキータイプの援助交際女性にもインタビューをしている。

（3）ヤンキーとは、髪を染める独特のスタイルから名づけられた、主に一〇代の中・高校生男女に担われた若者集団の呼称である。八〇年代前半の校内暴力の沈静後に登場し、その特色は反学校的な点にある。金髪、喫煙、飲酒、シンナー吸引、無免許運転など、学校制度によって禁じられている行為をあえてし、学校側からは逸脱集団としてみなされている。

（4）援交狩りとは、第三者が援助交際をする男女に対してする傷害、恐喝、強盗、強姦などの犯罪行為の呼称である。援助交際当事者が自らの行為を正当化できない弱みにつけこんで、主に男性に対しては傷害、恐喝、強盗などをし、女性に対しては恐喝、強盗、強姦をする。とくに中年男性に対する援交狩りは「オヤジ狩り」と呼ばれている。

（5）「動機の語彙」とは、アメリカの社会学者C・W・ミルズの言葉である。詳しくは　Gerth & Mills［1953=1970］を参照のこと。

（6）性的虐待と性的逸脱の関係については、次のような記述がある。「性的逸脱行動をする若者や売春婦はしばしば幼児期に性的虐待を受けていたことが指摘されている。ワシントンにおける二〇人の未成年の売春婦に対する調査では、六五%が強制的な性行為を少なくとも一回させられ、その八五%が一六歳までに起こっていた。一三六人の成人売春婦の調査では、四六%が最初の性交渉以前に性的被害にあっており、五七%が少なくとも一回はレイプ（rape）されていた（James & Meyerding, 1977）」［北山　九四　八頁］

(7) この調査は、東京都内において売春等取締条例（東京都条例）違反として、五二年の九月上旬から一二月中旬までに検挙・送致され、検察庁が供述に信憑性があると判断した売春婦一六一名、相手方の男性四四名についてまとめたものである［湯沢・高橋・原田　九一　六三頁］。

●………第三章　援助交際の男たち

(1) 筆者も男性側に取材を試みたが、なかなか面接インタビューにまでいたらなかった。これには、筆者の取材方法に問題があったかもしれないが、総じて援助交際をしている男性は口が重いと言える。男性側への、この種のインタビュー取材の難しさの例として、次の二つをあげたい。援助交際を取材した際の記述「今回、実際に取材して判った事だが、『援助交際』のお客のなかには、PTAの役員や警察官、学校の教諭、そして会社の社長等、社会的に地位の高い人が多い。彼等は取材を拒否する。彼等は人権やプライバシーだと声高に叫ぶ」［澤田　九七　一四五頁］や、ロサンゼルスで日本人の売春組織を取材した際の記述「「買春」する方が「売春」するよりもはるかに失うものも少なく、簡単に誰からでも話を聞かせて貰えるのではないか、と思っていたが、なかなか思ったようにはかどらなかった。買った人を見つけることは、実際にそれほど難しいことではなかったが、話を聞こうとすると「いやぁ、マズイなぁ」とか「ちょっとそれは……、自慢できるようなことではありませんから」とか、なかには「そんな恥を晒すようなこと、お話しすることはありませんよ、何も……」と断られてしまうことが多かった」［三宅　九五　二七五―二七六頁］がある。

(2) この調査報告で用いられる買春とは「お金を払ってするセックス（擬似セックス、マスターベーション援助などの各種性的サービスを含む）を意味」している［男性と買春を考える会　九八　一六五頁］。

(3) 男性と買春を考える会が九七年の八月から一〇月にかけてしたアンケート調査（配布数二万部、回収数二五〇二部）では、二五歳以上の男性の買春経験は五一・七％（一〇七五部）、二四歳以下も含めると四六・二％（一一五七部）である［男性と買春を考える会　九八　三頁］。

(4) 四つの主要な理由に続いて、以下は「男同士の連帯感を強めるため」（六・三％）、「普段とは違う自分になれるから」（五・四％）、「パートナーがいなければやむを得ない」（五・二％）という理由があげられるが、これらに「その他」（一三・二％）と無回答（一・八％）に本文であげた上位四つの理由を含めると、全体の八六・一％となる［男性と買春を考える会　九八　一六頁］。

（5）ＳＭとは通常男女間でされる性的行為の一つで、嗜虐を好むサディストと被虐を好むマゾヒストという役割関係によって形成される。サディストが男性、マゾヒストが女性という組み合わせと、サディストが女性、マゾヒストが男性という組み合わせがありうる。基本的には、サディストがマゾヒストを辱め虐待し、双方が性的な快楽を得るという行為である。男性性器を女性性器に挿入して射精することを目的とする性交はしないとされる。このようなサービスを提供する風俗産業に、ＳＭクラブがある。

（6）イメクラとは、イメージクラブの略で、ストーリー（物語的展開）とコスチュームをとりいれた風俗店。ファッションヘルスと同様に、性交はせず、男性客を射精させる。代表的なストーリーには痴漢プレイ、夜這いプレイ、近親相姦プレイなどがある。またコスチュームには、セーラー服や体操服、看護婦、スチュワーデス、アニメキャラクターの服装などがある。

（7）性労働者（セックス・ワーカー）とはソープランドやファッションヘルス、ＳＭクラブなどの風俗産業に従事する女性たちの呼称である。近年、風俗産業に従事する女性たちの人権や労働者としての権利を認めるために、議論が盛んになってきている。セックス・ワークはそもそも労働かという問題があるために、概念定義が難しい。セックス・ワークをめぐる議論については田崎［九七　三〇―三二］が参考となる。

（8）ここでの「心理的」とは「社会的」という言葉の言い換えに過ぎない。人間は社会的な存在であり、さまざまな社会関係のなかで人間の心は形成されている。それゆえ、心理的な要因でなんらかの行為がされたとしても、その心理的な要因は当人の社会的諸関係において生じた行為の結果として存在している。

（9）援助交際における擬似恋愛的な関係は援助交際関係の文献にしばしば登場する。たとえば、「自宅買春で恋愛気分を楽しむ男」［大治　九八　一二三頁］と題された文章では、三六歳の独身サラリーマンにとって買春は性欲処理だけでなく、孤独を癒す恋愛的要素をもっていたことが報告されている。

（10）「別に君が嫌がるなら何もしない。僕と話して好きだなっていう気持ちを持ってくれたら、ホテルに来てくれればいいんだから。五万円までなら出すよ」［速水　九八　一〇四頁］という五三歳の援助交際男性の事例が報告されている。この著者は、この男性は女子高校生に対してありえないはずの「好き」という幻想まで買おうとしていると指摘している。

●………第四章　メディアと援助交際

（1）〈予言の自己成就〉とは社会学的思考における重要概念の一つである。社会学者のR・K・マートンは、社会学者のW・I・トマスの公理「もしひとが状況を真実《リアル》であると決めれば、その状況は結果においても真実である」を適用すれば、多くの社会過程が有効にに分析できると述べている［Merton　1949=1961　p.382］。〈予言の自己成就〉とは、当初の誤った状況規定が新たなコミュニケーションを生み出し、状況を変化させ、結果として当初の誤った状況規定が現実化し、真実となる現象をさしている。

（2）ブルセラとは、ブルマーとセーラー服の略語で、現役女子高校生がブルマーやセーラー服、はてはパンツまで店に売るという現象をさす。参考文献としては、宮台［九四］、藤井［九四］があげられる。

（3）残念ながら、テレビ番組の検討、つまりテレビ報道でいつ援助交際が登場したかについては、筆者が集めた映像資料しかない。個人的に集めた資料は断片的なものでしかなく、網羅的な情報提供機関がないため、テレビ報道についてはふれることができなかった。

（4）日本ABC協会の発行レポートによれば、新聞各紙の発行部数は、九九年度一月から六月までの上半期の集計で、日本経済新聞約三〇二・一万部、朝日新聞約八三二・一万部、毎日新聞約三九七・九万部、読売新聞約一〇二三一・四万部、産経新聞約七・七万部である［『雑誌新聞総かたろぐ　二〇〇〇年度版』　メディア・リサーチセンター　二一二八頁］。

（5）大宅壮一文庫CD-ROM検索において、九三年から九九年末までの期間に〈援助交際〉で検索したところ四七四件がヒットした。しかし、この数字はタイトル、サブタイトル、記事内容に〈援助交際〉が含まれる数である。なお、CD-ROM検索では『論座　九八・四』のように、援助交際に関する特集記事一件に対して、執筆者が一一人いるために、一一件が該当しており、検索件数は多くなっている。

（6）信頼できる定量調査によれば、首都圏における女子高校生の援助交際経験率は次の通りである。九七年にされた調査

［福富　九八］では、女子高校生六〇〇人のうち、全体の五・〇％がなんらかのかたちで援助交際をし、そのうち性行為（性行為が性交を意味するかは不明確）までをしたのは二・三％という結果が得られた。また援助交際の行為内容は定かではないが、九六年にされた調査［東京都生活文化局　九七］では、女子高校生三年生一一九人のうち援助交際を経験したと回答したのは全体の七・六％であった。

(7) 二六（大正一五）年の『倫理的結婚』という本のなかに「普通恋愛なるものは、相手の容貌風姿の美に動さるることが大部分であつて、恋愛結婚は即ち容貌結婚である」［井上　九五　二七頁］という指摘がある。

(8) 理想的身体とは、身体を選別し、加工し、コントロールするイメージである。近代社会は、個人の内面に「制御される自己／制御する自己＝メタ自己」［佐藤　九六　一〇七頁］の差異を導入することで、主体としての個人をつくり上げた。これと同様に、物質的・生物的な存在としての身体に対して、社会的・心理的存在としての有意味でコントロール可能な身体をつくりあげた。この社会的・心理的存在としての身体イメージが理想的身体である。

(9) 日本人男性における理想的身体が美しさを志向せず、清潔さを志向するのは、明治期の「衛生」概念の名残と考えられる。「女性身体の理想がある種の「美しさ」であるのに対して、男性身体の理想はある種の「清潔さ」である」［加藤　九五　一五二頁］。

(10) 新聞から雑誌、ラジオ、テレビにいたるマス・メディアの発達と広告の発展は不可分に結びついている。これらの媒体はその収入源を広告収入に大きく依存しており、広告産業がメディアを数多くの大衆を相手とするマス・メディアに成長させる契機となったことが指摘されている［吉見　九四　一六四―一六五］。

(11) 一八九九年の高等女学校令にともない、女学生という新しい階層が出現した。その女学生を対象に、『少女界』（〇二年）、『少女世界』（〇六年）、『少女の友』（〇八年）、『少女画報』（一二年）［永井　九五　二八〇―二八一頁］といった少女雑誌が創刊された。このなかでも、『少女世界』は「最盛期には一五万部から二〇万部ちかい発行部数をもっていた」［永井　九五　二八五頁］とされている。

(12) 近代社会において学校制度が果たした役割は、子供という社会的地位を新しくつくり出したことである。この社会へのモラトリアムとしての学校制度は少女だけでなく、少年にもあてはまる。「子供は大人たちから分離されていき、世間に放り出されるに先立って一種の隔離状態のもとにひきはなされた。この隔離状態とは学校であり、学院である」［Ariés 1974=1980 p.3］。

（13）この主張を裏づけるデータとして高校生の性交経験率をみてみよう。七四年には高校生男子一〇・二%、女子五・五%の性交経験率（日本性教育協会調査）［井上・江原 九九 六五頁］であった。九三年には高校生男子一四・四%、女子一五・七%となっている。この二〇年間のデータを比較してみると、男子の約四〇%増に対して、女子は約一八五%の増加率である。またデータの出典は異なるが、最近のデータとしては、九九年に高校生男子三七・八%、女子三九・〇%の性交経験率（東京都幼稚園・小・中・高校性教育研究会調査）が提示できる［毎日新聞朝刊 九九・七・二二 一四版 二六面］。この二五年間のデータを比較してみると、男子の約三・七倍に対して、女子は約七倍の増加である。

（14）身体への嫌悪を示す〈バイト系〉の援助交際女性とは対照的に、摂食障害者の女性は身体からの反抗を体現している。筆者のしたインタビュー調査［圓田 二〇〇〇］から摂食障害を考えるならば、女性の摂食障害者は社会からの理想的身体の要請、「痩せている身体は美しい身体である」というメッセージを意識のレベルにおいて受容しながらも、身体のレベルにおいて身体の対象化・コントロール化に対して反抗している。この反抗には二重の意味がある。一方はマス・メディアが伝達する美を規準とする女性の理想的身体に対して、他方は現代社会において個人は自らの身体をコントロールできるとする主体的な個人像に対して、反抗する。つまり摂食障害は近代社会という制度が女性というジェンダーに押しつけてきた「性の二重規範」に対する抗議なのである。「今食べようと思えば、普通はいくらでも食べられる環境にある」（摂食障害女性のインタビューより）消費社会にいる人々に向けて、この社会の根底にあるジェンダー間の非対称に基づく差別や醜悪さに気づくように訴えかけているのである。

●………第五章　援助交際におけるジェンダー構造

（1）筆者と同じように、性の商品化には二つの異なる領域があると主張する小倉利丸は以下のように述べている。「売春などについては性的身体の商品化とよび、ポルノなどについては性的表象の商品化と呼ぶことにする」［小倉 九八 二二一頁]。この説明には次のような欠陥がある。「性の商品化」という言葉には「性には商品的な価値がある」ということを含意している。性という言葉は物質的な対応物をもたない抽象語であるために、性の商品的な価値は身体を経由して具現化する。つまり身体を介してのみ、性は語られ、行為され、商品として売買される。したがって、「性的身体の商品化」は「性の商品化」全般にあてはまることであり、「性的サービスの商品化」とするべきである。一方の「性的表象の商品化」は適切な表現であると考えられる。

(2) この問題は専業主婦売春説として認知されている。古くはF・エンゲルスの「結婚は当事者たちの階級地位によって制約されており、そのかぎりではいつも便宜婚である。この便宜婚は、どちらのばあいにも、しばしばもっとも極端な売春に転化する─往々にして夫婦双方の、しかしごくふつうには妻の売春に。彼女がふつうの売春婦と区別されるのは、彼女が賃金労働者として自分の肉体を一回いくらで賃貸するのではなく、一回こっきりで奴隷制に身を売り渡してしまうことによるだけである」[Engels 1891=1965 p.94]という説に起因する。日本においては、たとえば、「通常、妻と娼婦は、妻の売春に対極のように考えられがちであるが、この両者は、まったく同じ根から出ている」[駒尺 七八 二五頁]や、「結婚は死ぬまでセックスが提供される長期の売春契約だ」[松沢 九八b]という主張にみることができる。

(3) この他にも、家父長制度と資本主義経済との関連からその理由を指摘する立場もある[上野 九〇]。

(4) 売春が近代家族制度のなかにいる女性たちの貞操を守る役割を担っていた事例として、第二次世界大戦直後に日本国内で設立されたRAA協会があげられる。RAA協会(recreation and amusement association)は日本名「特殊慰安施設協会」と呼ばれていたが、実質上、連合国軍兵士を対象とした売春施設であった。連合軍から日本の女性たちの貞操を守るために、敗戦後の間もない四五年八月二六日に、警視庁が呼びかけ、政府主導・公認で、株式会社として設立された。この会社の資本金は一億円で、現在の六百億円に相当する。当時の大蔵省主税局長であり、後に首相となる池田勇人は「たとえ、一億円かかっても、それで大和撫子の純潔が守られれば、安いもんだ」[小林・村瀬 九二 一〇頁]と語ったとされる。全国に施設が作られ、最盛時にはこの施設に所属する女性は七万人を数えた。しかし、連合国軍兵士に性病が蔓延したため、GHQ(連合軍総指令部)の命令によって、三年後にはすべてが閉鎖された[千田 九四 六四頁][藤目 九七 三二六頁][吉田 二〇〇〇 一五六頁]。

（5）売春ではなく、買春に焦点をあてた文献として、いのうえ［九六］や男性と買春を考える会［九八］などがある。

（6）しかし、自由意志による売春婦の存在が明らかになったとしても、これについて二つの批判がありうる。一つは「売春婦が自由にやっているつもりのことは、実は社会による強制の結果であり、本当の自由ではない」［赤川　九五　一八〇頁］に代表される社会構造としてのジェンダー間の経済格差の存在に関する批判である。この批判を正当なものとするには、まずジェンダー間の経済格差の存在を証明し、その経済格差と売春行為の選択との因果関係を明らかにする必要がある。たとえ明らかになったとしても、この問題は売買春という固有の問題設定の枠を超えてしまうのではないかと、筆者は考える。

もう一つは、性労働者に対して、「危険性・暴力性を帯びた性的妄想を〈労働〉とか〈性的サービス〉の名の下で実際に受けとめさせられる女性たちの立場を考えたことはあるのだろうか。彼女らの心身に危害がおよばないことを誰も保証できない」［浅野　九九　一二二頁］にみられる、性労働者がもつ職業上の危険がそれ以外の職業よりもずっと大きいという批判である。この批判に対して、この主張が現場で働く性労働者の証言をもとにしていないために「私個人からみてそうに違いない」という主観の域を超えていない。このような主張がなされることで、性労働者たちが「心身に危害が」および、人格的に崩壊している人たちであるというスティグマを押しつけられることを、筆者は危惧する。

（7）このことについて、次の記述が参考になる。「本音をいうと、心が満たされても、女としての孤独を感じるときがある。それは男性の肌がどんなに肉体と精神に安らぎを与えてくれるかを経験しているからこそ感じる、辛さなのかもしれない」［小山内　九五　一二五頁］。

（8）風俗業種の一つで、客が料金を払って、個室で女性から性的なサービスを提供される。一般的には、客はシャワーを浴びた後、全身マッサージがあり、それから女性からキス、全身舐め、フェラチオ、シックスナイン、素股などのサービスを提供され、射精をさせてくれる風俗店である。「本番」と呼ばれている性交はしない。ファッションヘルスとサービス内容は同じであるが、八五年に施行された新風営法により、風俗関連第五号営業店の個室マッサージ業として認知を受けたため、ファッション・マッサージという名前になっている。

（9）ここで言う性的承認の理解を容易にするために、次の記述を参照していただきたい。テレクラや伝言ダイヤルにはまってしまい、その場かぎりのセックスをしていた三五歳の独身女性の発言「やっぱりエッチで気持ちイイってコトそのものより「あなたはOKですよ。あなたはちゃんと女の人で、それなりにイイ感じのステキな人ですよ」って、せめて言ってほしかった。女どうしじゃダメなの、甘えられない。気持ちの保護者じゃないと。自分はデブでブスで、どうしようもないと思っていたから」［今　九八　一八三頁］。

女性という存在が男性からの性的承認を得るか否かに大きく依存していることについては、次の記述が参考になる。「女の子が、男の子から選ばれることによってしか自己の存在肯定を得られない、ということを、単に「白馬の王子さま」幻想で片づけることはできない。問題はもっとずっと根深いのだ」［藤本　九八　九二頁］。またある摂食障害の女性は「自分が女として認められないという不安にどっぷり浸っていた分、ちょっとでも自分のセクシュアルな部分を認められるとすごく嬉しい。だから彼以外の男性にもよろよろしてしまうわけだ。いっそ、売春でもできれば楽なのに、とさえ思う」［グループ　人魚のくつした　九八　九五頁］。

(10) フェミニストの吉澤夏子は同様の論理を提示している。「有名企業の優秀なOLが売春をしていて殺人事件に遭遇したという事件」をとりあげた論考で、「性の商品化」の局面は、あからさまに「序列化」の実質を体現しているがゆえに、逆説的なことだがかえって、日常生活のどの場面においても決してジェンダーの関係性を「おりる」ことのできない女性たちに、仮にでもそこから一時退避するわずかな可能性を与えているのではないだろうか」［吉澤　九八　八一頁］。

●………第六章　匿名的な親密さと援助交際

(1) 社会学者の奥村隆は、社会関係の持続性の観点からこの問題に次のように言及している。「私たちは、「家族」や「恋人」とあすもいっしょにいることをよく知っており、そのためにきょうどういるかを考えることがある。現在、彼らになにかを投げ出すときも、いっしょにいた過去やいっしょにいるだろう未来から自由ではない。しかし「見知らぬ他者」「ゆきずり」の！」に対しては、続けることを考えなくてすむ」［奥村　一九九八　二〇三―二〇四頁］。

(2)「知らない人だから話すことができる」という感受性を考えるうえで、キリスト教（カトリック）の告解制度を思い浮かべる人もいるだろう。告解制度では神の代理人としての聖職者が非対面的に信者の告白を聞くことで、信者は贖罪される。ここでは信者は誰が自己の告白を聞いているのかを知ることはできない。この点では「知らない人だから話すことができる」という現象が生じていると考えられる。しかしキリスト教の告解制度を可能にしているのは、神への信仰である。現代日本社会において、神や神に類する超越的な他者は存在しない。おそらくは、自己と等身大の他者に語っているのである。この点で、現代日本人の告白衝動はキリスト教の告解制度とは大きく違っていると考えられる。

(3) インターネットや伝言ダイヤルを媒体として生じた二つの事件を機に制作された番組では、街頭の一般女性にインタビューを試みている。そのなかで「本当のことを言うと、周りの人との関係が壊れたり、特別な目でみられたりすることがある」[「見知らぬ相手となぜ」『クローズアップ現代』(NHK) 九八・一・一八] という発言があった。また比較的若いビジネスマンやOLといった読者層を想定して発行されている雑誌でも「関係が親密なほど本音で話さず、疎遠なほど何でも話す症候群」[『DIME』九八・五・二一] という記事がある。これらは、親密な関係性が「本音」と言われるコミュニケーションの全面的な開示をもたらさない現象について言及している。

(4) テレクラや伝言ダイヤルに代表される電話風俗では、女性はフリーダイヤルで電話をかけることができるため、金銭的にはまったく負担がかからない。

(5) 二〇年代に合衆国の都市シカゴで活躍した社会学者のP・クレッシーが述べるように「匿名の人物は本質的に脱道徳な人である」[Cressey 1983 p.112]。匿名的なコミュニケーションの内容は、通常の道徳規範から離れるため、話題の選択や価値判断が通常とは大きく異なる傾向を有する。

(6) この概念は、ジンメルに由来する。「また異郷人の客観性と関連するのが、以前にふれた現象、もっぱらではないにせよ確かに主として旅を続ける者に妥当する現象である。すなわちそれは、しばしば彼には驚くべき率直さと告白が、いっさいの近い関係者には慎重に保留される懺悔への性格に達するまでに示されるということである」[Simmel 1908=1994 p.287]。

(7) メル友とは、インターネット上の電子メールや携帯電話のメールなどを用いて知りあい、メッセージ交換をする友だちのことをさす。

チャットとは、ネットワーク上で同時に複数の人間が文字によってメッセージを交換し、会話を楽しむことである。

ネット上には、時事問題や趣味などに関するさまざまなチャットが存在している。

(8) 筆者は信頼と信用を区別して使用している。信頼が対面的な社会関係でその個人の人格に諸期待の根拠をおくのに対して、信用は個人の人格ではなくその社会的な属性（人種や国籍・居住区・地位・学歴など）に諸期待の根拠をおくものとして考えている。

●…………第七章　援助交際の時空間

(1) 社会学における道徳研究は、古くはデュルケームが提唱した道徳を社会的事実として分析する道徳社会学（sociologie morale）にまでさかのぼることができる。

(2) アダルト・チルドレンの特徴として一三の項目があげられているが、その九番目の特徴には「アダルト・チルドレンは他人から肯定や承認を常に求める」［Woititz　1990=1997　p.24］と記述されている。

また日米におけるAC概念の相違について、精神科医の和田秀樹は「アメリカでは、アルコール依存症よりむしろ、児童虐待や近親相姦などのさらにひどい家庭で育った子どもに使われる方向に向いていったのに、日本では「見えない虐待」ということばが指す対象は、アルコール依存症ほど大きな問題をかかえていない家族を含む方向に向かっていった」と述べている［和田　九九　五七―五八］。

(3) ミホとは、前出の宮台の紹介で面接インタビューをした。また彼女については、彼の三冊の著書『〈性の自己決定〉原論』［二七四―二八三頁］、『これが答えだ！』［三二―三三頁］、『自由な世紀・不自由なあなた』［四五頁・七三頁］に記述がある。

(4) ジンメルは社会空間の特性として次の四点をあげている。順に列挙すると、「排他性」「境界」の存在、空間内容の「固定化」「人びとのあいだの感覚的な近接あるいは距離」の存在である［Simmel　1908=1994　p.219-242］。援助交際の社会空間はこれら四つの特徴を備えている。ここで重要なのが空間内容の固定化である。空間内容の固定化は、コミュニケーションと秩序の安定化を可能にし、「場所の個性化」［Simmel　1908=1994　p.237］をもたらす。

(5) AAにおいては、ハイヤーパワーという名の神が理念的には存在する。匿名的な社会空間では、個人は自己の存在不安を感じてしまう。そこで横のコミュニケーションの連なりを基盤として、「共同性」という虚構を一時的につくりあげている。この共同性の求心力となるのが、超越的な力の存在であるハイヤーパワーであると考えられる。

(6)「脱社会」という言葉について、宮台は「コミュニケーションの外側に生きる、他者の承認を必要としない存在」を「脱社会的」と呼んでいる［宮台　二〇〇〇　一二三頁］。この使用法は、宮台も述べているように「脱社会的であることで、世界と敵対」する「ネガティブ非日常な感じ」をもとづいている。またこの語の使用について、「脱社会であることで、世界と仲良くなって」しまう「ポジティブで日常的な感じ」という意味をもつ可能性を宮台は指摘している。しかし、筆者が使用する「脱社会的」とは何よりもまず、社会空間の性質であり、ポジティブで非日常な意味合いをこめている。

(7) 関係の世界は、関係する三つの対象によって、次の三つの世界に分類される。①自然との交わりの世界、②人間との交わりの世界、③精神的実在との交わりの世界である［Buber　1923＝1978　p.10］。

(8) 自助グループの社会空間がコムニタス的な機能をもつことは臨床現場で指摘されている。たとえば、ACの回復における六つの段階として、生き残り→気づきの出現→中核問題→変容→統合→創始（霊性）があげられている［Gravitz & Bowden　1985＝1994］が、これは文化人類学者のA・ヘネップ［Gennep　1909＝1995］やV・W・ターナー［Turner 1969＝1996］の儀礼論を下敷きにして、構成されている。

(9)「現在アメリカの精神分析界でもっとも人気のある理論家である」［和田　九九　一二三頁］とされるH・コフートは、自己愛パーソナリティが生じる過程について発生論的にいえば、親の受容を求めるその時に、外傷的な欲求不満に出会うと、その願望や欲求は増大し、精神の重篤な不均衡をつくりだす。外傷的な拒絶が新たに繰り返されるのを恐れるため、防衛障壁が作られ、心を保護することになる。結果として生じるパーソナリティの断裂は垂直性と水平性のベクトルのいずれか、あるいは両方に生じる。垂直性には二つあり、一つは承認への満たされない要求を否認する誇大的状態、もう一方は空虚と低い自己評価との感情があらわになっている状態がある。水平性には、情緒的な冷たさとして、また承認を得たいと思っている対象から距離をとり続けることへの固執、として現れる［Kohut　1971＝1994　p.179］と述べている。この心のメカニズムは、ここで述べている新しい社会的弱者に当てはまると考えられる。承認を得たい対象からの承認の拒絶にあった場合、ACは自己評価の低さに、ストーカーは誇大妄想へ、ひきこもりはコミュニケーションから退却し距離をとり続ける状態へ向かうと考えられる。

●……終章　援助交際にみる性・愛のゆくえ：〈性＝人格説〉批判

(1)〈バイト系〉の女性たちは、時として性的快楽を感じたり、エクスタシーに達することもある。次のインタビューが参考となる。

◎45・46……

筆者：オヤジとのH、援助のHでは一回も感じたことはないの？
ミカ：あるけど、声は出さへん。（中略）
筆者：感じても、絶対、声は出さへんって（我慢しているの）？
ミカ：我慢してる。
ユミ：歯食いしばってんねん。

また援助交際における性交で快楽を得ることは、〈バイト系〉の女性たちにとって、自己嫌悪を感じさせ、結果として援助交際における性交と恋人との愛情のともなった性交との区別が不可能になり、援助交際をやめるきっかけにもなる。

(2) 佐伯は色から愛へと移る変化を次のように記述している。「男女関係が色→癡《ち》→愛と進化してゆく過程は、文明が野蛮→半開→開化と進む段階に相当しており、人間個人でいえば少年→壮年→年老、上中下の人物に対応する」［佐伯　九一　二六頁］。

(3) セクシャリティ研究者の赤川学は「性＝人格論は女性のみならず、男性にも共有されていた」として、「「性欲＝本能論は男の性欲論、性＝人格論は女の性欲論」という単純な二分法は成立しがたい」［赤川　九九　四一九頁］と述べている。筆者はこれについて、程度問題であることを前提としながらも、女性における性的自由が社会的に容認されない現状から、単純な二分法は成立しがたいが、ある程度の二分法は可能と考える。

《引用一覧》

○イントロダクション ———

1 ［赤松・上野・大月 九五 二三三頁］
2 ［伏見 二〇〇〇 一二九頁］
3 ［伏見 二〇〇〇 一二六頁］
4 ［伏見 二〇〇〇 六三頁］
5 ［伏見 二〇〇〇 六四頁］
6 ［宮台 二〇〇〇 二二五頁］
7 ［宮台 二〇〇〇 二二六頁］
8 ［Greenwald 1958=1959］［Miller 1986=1994］
9 ［Miller 1986=1994 p.34］
10 ［佐藤 九二］
11 ［Kotre 1995=1997 p.58］
12 ［千田 九四 一七六頁］
13 ［谷岡 二〇〇〇 一六〇—一六一頁］
14 ［Kotre 1995=1997 p.82］
15 ［Ellis 1928=1996 p.243］
16 ［榎本 九八 六七頁］
17 ［柳田 六九］［折口 七七］
18 ［滝川 六五］
19 ［もろさわ 七〇］［女性史総合研究会 八二］［服藤 九〇］
20 ［金 九七 二三頁］
21 ［吉田 二〇〇〇 八四頁］
22 ［小谷野 九九 六二—六三頁］
23 ［吉田 二〇〇〇 一六五頁］
24 ［佐伯 八七］
25 ［『週刊読売』 五二・一〇・五 四—九頁］
26 ［吹上 九九］［桶谷 九九］
27 ［石原 七五 九九頁］
28 ［石原 七五 九二—九三頁］
29 ［石原 七五 一五二頁］
30 ［宮台 九六 一二六—一二七頁］
31 ［宮台 九六 一二四頁］
32 ［宮台 九六］
33 ［村尾 九九 二四四頁］
34 ［村尾 九九 二四六頁］
35 ［村尾 九九 二四五頁］
36 ［総務庁青少年対策本部 九六 七四頁］
37 ［総務庁青少年対策本部編 二〇〇〇 四一〇頁］

○第一章 ———

1 ［『内外タイムス』 一九五三・三・十五］
2 ［松沢 九九 二〇〇頁］
3 ［『週刊大衆』 七三・六・二八］
4 ［吉田 二〇〇〇 二二九頁］
5 ［いのうえ 九六 一四二頁］
6 ［Kinsey 1948=1950（下） p.272］
7 ［松沢・スタジオ・ポット 二〇〇〇］
8 ［Truong 1990=1993 p.33］

○第二章 ———

1 ［伊田 九八 二六二頁］
2 ［斉藤 九六］

3 ［酒井 九八］
4 ［宮台 九七 一四二—一四四頁］
5 ［Linquist 1987=1998 pp.11-12］

○第三章

1 ［兼松 九〇 三〇九頁］
2 ［Bullough & Bullough 1987=1996 p.308］
3 ［Goffman 1959=1974］
4 ［Giddens 1992=1995］
5 ［林 六六 二〇四頁］
6 ［鈴木水南子 九八 一六頁］
7 ［『女たちの二一世紀』編集委員会 九八 八頁］
8 ［Goffman 1959=1974 p.298］
9 ［三浦 九六 四六頁］
10 ［Goffman 1959=1974 p.284］

○第四章

1 ［藤井 九六 五二頁］
2 ［竹下 九八 三二頁］
3 ［Boorstin 1962=1964 p.18］
4 ［津金澤 九六 四—五頁］
5 ［Debord 1992=1993］
6 ［『SPA!』九三・一〇・六 四九頁］
7 ［朝日新聞朝刊 九八・五・九 一四版 三二面］
8 ［『週刊ポスト』九八・五・一 一二四頁］
9 ［伊藤・築瀬 九九 九三頁］
10 ［産経新聞朝刊 九七・三・二八 一五版 二九面］
11 ［産経新聞夕刊 九九・一〇・二九 四版 一一面］
12 ［小谷野 九八 三一頁］
13 ［永田 九八 四七頁］
14 ［日本経済新聞夕刊 九七・三・一二 四版 六面］
15 ［平林 八九 一二六頁］
16 ［伊田 八九 二六二頁］
17 ［Dayan & Katz 1992=1996 p.211］
18 ［Dayan & Katz 1992=1996 p.156］
19 ［竹下 九八 三〇頁］
20 ［関戸 九九 一六三頁］
21 ［Foucault 1975=1977］
22 ［井上 九一 一四六頁］
23 ［井上 九一 六八頁］
24 ［渡辺 八六 一二一頁］
25 ［柏木 一八七二 五八頁］
26 ［南 八六 一九二頁］
27 ［川村 九四］
28 ［鈴木 九五 一五二—一五三頁］
29 ［大塚 八九 一八頁］
30 ［大塚 八九 二二二頁］
31 ［大塚 八九 四五頁］

32 [永井 九五 二七八頁]
33 [本田 九一 一八頁]
34 [本田 八二 一五六頁]
35 [本田 八九 一一三頁]

○第五章 ——

1 [瀬地山 九二 四九頁]
2 [Ellis 1928=1996 p.262]
3 [Shorter 1975=1987] [Stone 1979=1991]
4 [永田 九五 一七頁]
5 [永田 九五 二頁]
6 [井田 八六 六六頁]
7 [Greenwald 1958=1959 p.177]
8 [Bullough & Bullough 1987=1996 p.300]
9 [Delacoste & Alexander 1987=1993 p.326]
10 [酒井 九八]
11 [産経新聞朝刊 九七・一一・一二 一四版 一三面]
12 [橋爪 九二 一三頁]
13 [上野 九八 一六頁]
14 [Thomas & Znaniecki 1958 p.73]
15 [Beauvoir 1949=1953 pp.127-128]
16 [酒井 九八] [松沢・スタジオ・ポット 二〇〇〇]
17 [読売新聞社生活情報部 九八 一四六頁]
18 [千本 九七 一五二頁]

○第六章 ——

1 [朝日新聞朝刊 九八・一二・二五 一四版 二五面]
2 [朝日新聞朝刊 九九・一・七 一四版 二七面]
3 [Nock 1993]
4 [Bogard 1996=1998 p.234]
5 [いのうえ 九六 一二〇頁]
6 [Park 1916=1965 p.78]
7 [Goffman 1963=1986]
8 [Luhmann 1973=1990]
9 [Giddens 1990=1993]
10 [Park 1916=1965 p.91]
11 [Schutz 1964=1980 p.19]
12 [石田 九九 四九頁]
13 [清水 九九 一一六頁]
14 [石田 九九 一一三頁]
15 [石田 九九 五二頁]
16 [小池 九七 一五一頁]

○第七章 ——

1 [売春防止法 第一条]
2 [Luhmann 1989=1992 p.14]
3 [庄司・島村・谷川・村瀬 九七 五七頁]
4 [鈴木光司 九八 四三頁]
5 [小谷野 九八 三一頁]
6 [佐藤 九八 二六頁]
7 [産経新聞 九九・七・二 一四版 二九面]
8 [黒沼 九六 一二一頁]
9 [河合 九七 一四五頁]
10 [Durkheim 1893=1971 p.384]
11 [Durkheim 1925=1964 p.86]

12 [Durkheim 1925=1964 p.94]
13 [Durkheim 1925=1964 p.107]
14 [信田 九六 七三頁]
15 [信田 九七 二一九頁]
16 [Woititz 1990=1997 p.187]
17 [東 九九 四三頁]
18 [藤原・宮台 九八 二〇九頁]
19 [石川 九九 七一—二頁]
20 [Kritsberg 1985=1998 p.96]
21 [野口 九六 六七—六九頁]
22 [仲村 八一 一〇七頁]
23 [上野 九八 二七—二八頁]
24 [酒井 九八] [酒井 九九]
25 [Gennep 1909=1995]
26 [Turner 1969=1996 p.128]
27 [Turner 1969=1996 p.182]
28 [Buber 1923=1978 p.9]
29 [Buber 1923=1978 p.47]
30 [Turner 1969=1996 p.127]
31 [Turner 1969=1996 p.139]
32 [Turner 1969=1996 p.192]
33 [Turner 1969=1996 p.252]
34 [Turner 1969=1996 p.175]
35 [園田 九九]
36 [Riesman 1961=1964]
37 [圓田 九八]
38 [塩倉 九九 一八頁]
39 [斉藤 九八 二五頁]

○終章

1 [斉藤 九四 一〇四頁]
2 [斉藤 九四 一〇四頁]
3 [Chauchard 1958=1971 p.119-120]
4 [千田 九四 一七六頁]
5 [Chauchard 1958=1971 p.120]
6 [Greenwald 1958=1959 p.164]
7 [Chauchard 1958=1971 p.93]
8 [赤川 九九 三八二頁]
9 [赤川 九九 三七三—三七四頁]
10 [井田 八六 六六頁]
11 [松沢 九八a 一一一頁]
12 [ヨコタ村上 九七 一一九頁]
13 [金 九七 一〇三頁]
14 [Munzinger 1898=1987 p.122]
15 [藤本 九八 二五八頁]
16 [モア編集部 九〇 四〇三頁]
17 [上野 九八 二四頁]
18 [赤川 九九 三八四頁]
19 [Spock 1971=1975 p.131]
20 [岸田 九九 一五五頁]
21 [森栗 二〇〇〇 五八頁]
22 [赤松 九四 三九頁]

累計

	面接　47人	電話　11人	計　58人
バイト系	13人　28%	6人　55%	19人　33%
快楽系	5人　11%	0人　0%	5人　9%
魅力確認系	10人　21%	4人　36%	14人　24%
AC	19人　40%	1人　9%	20人　34%

援助交際女性の年齢
（インタビュー初回時）

～17歳	10人	17%
18～22歳	25人	43%
23～29歳	21人	36%
30歳～	2人	4%

援助交際体験年齢

～17歳	26人	47%
18～22歳	18人	33%
23～29歳	9人	16%
30歳～	2人	4%

援助交際体験人数

1～4人	10人	17%
5～9人	8人	14%
10～19人	13人	22%
20～49人	12人	21%
50人～	15人	26%

◎36	1998.8.21	ﾊﾙｺ	女性	伝言ダイヤル	面接取材	大阪・京橋	84		バイト	大阪府寝屋川市		19	短大生	
◎37	1998.8.23	ｱｷ2	女性	4回目	面接取材	大阪・梅田	77		魅力確認	大阪市		21	ＯＬ・事務職	短大卒
◎38	1998.9.2	ﾉﾘｺ	女性	伝言ダイヤル	面接取材	東京・大塚	83		魅力確認	東京都豊島区	広島県	26	代理店経営	短大卒
◎39	1998.9.5	ﾕｶﾘ	女性	2回目	面接取材	東京都町田市	80	3000	バイト	神奈川県藤沢市	神奈川県藤沢市	15	私立女子高校生	
◎40	1998.9.21	ﾕﾐ1	女性	伝言ダイヤル	面接取材	神戸・新開地	84		バイト	神戸市		18	アルバイト	中学卒
◎41	1998.9.28	ﾐﾕｷ	女性	伝言ダイヤル	面接取材	神戸・三宮	90		AC	兵庫県加古川市	京都市	18	私立女子高校生	
◎42	1998.9.28	ﾐｷ	女性	伝言ダイヤル	面接取材	大阪・上本町	65		AC	大阪府八尾市		23	美容師	専門学校卒
◎43	1998.10.1	ﾏｲ	女性	伝言ダイヤル	面接取材	神戸・三宮	112		快楽	神戸市	大阪府	25	専業主婦	高校卒
◎44	1998.10.25	ﾐｶ2	女性	伝言ダイヤル	面接取材	兵庫・舞子	70		AC	兵庫県淡路島		18	公立高校生	
◎45	1998.11.3	ﾕﾐ2	女性	伝言ダイヤル	面接取材	大阪・難波	128	2500	バイト	大阪市		18	短大生	
◎46	1998.11.3	ﾐｶ3	女性	伝言ダイヤル	面接取材	大阪・難波	128	2500	バイト	大阪市		19	短大生	
◎47	1998.11.11	ｼﾞｭﾝｺ	女性	伝言ダイヤル	面接取材	兵庫県伊丹市	82		AC	兵庫県伊丹市		17	無職	高校中退
◎48	1998.12.10	ｱｷ1	女性	2回目	面接取材	大阪・梅田	66		AC	大阪府枚方市	大阪府枚方市	21	ＯＬ・事務職	専門学校中退
◎49	1998.12.13	ｱｷ2	女性	5回目	面接取材	大阪・梅田	60		魅力確認	大阪市		21	ＯＬ・事務職	短大卒
◎50	1998.12.30	ﾋﾛｺ	女性	テレクラ	面接取材	福岡県・博多	85		AC	福岡市		19	浪人生	高校卒
◎51	1999.1.6	ｽﾐﾚ	女性	伝言ダイヤル	面接取材	東京・三軒茶屋	132	3000	魅力確認	東京都世田谷区	東京都	52	自営業	大学卒
◎52	1999.1.8	ﾐﾎ2	女性	紹介	面接取材	東京・新宿	143		AC	東京都中野区	秋田県	22	大学生	
◎53	1999.1.9	ﾏﾘ	女性	伝言ダイヤル	面接取材	東京・池袋	119	3000	バイト	埼玉県		23	ＯＬ・出版	専門学校卒
◎54	1999.2.19	ｻﾔ	女性	伝言ダイヤル	面接取材	奈良県奈良市	77		魅力確認	奈良県		19	無職	高校卒
◎55	1999.2.21	ﾐﾅﾎ	女性	伝言ダイヤル	面接取材	神戸・三宮	84		魅力確認	兵庫県明石市		29	家事手伝い	高校卒
◎56	1999.3.8	ｴﾘ	女性	伝言ダイヤル	面接取材	大阪・鶴橋	115	5000	バイト	大阪市	横浜市	20	短大生	
◎57	1999.3.18	ﾘｻ	女性	伝言ダイヤル	面接取材	東京・新宿	57	3000	AC	東京都渋谷区	埼玉県	14	公立中学生	
◎58	1999.3.19	ﾘﾂ	女性	伝言ダイヤル	面接取材	埼玉県大宮市	67		AC・魅力確認	埼玉県春日部市		20	無職	高校卒
◎59	1999.3.19	ｴﾘｶ2	女性	テレクラ	面接取材	東京・池袋	88	4000	バイト	東京都練馬区		17	公立高校生	
◎60	1999.3.20	ﾘｶ	女性	テレクラ	面接取材	東京・池袋	98	3000	バイト	東京都練馬区		17	公立高校生	
◎61	1999.3.25	ﾐﾈｺ	女性	伝言ダイヤル	面接取材	神戸・三宮	49		AC	兵庫県加古川市	神戸市	29	無職	高校卒
◎62	1999.4.30	ｼﾎ	女性	伝言ダイヤル	面接取材	大阪府茨木市	37		AC	京都府亀岡市		25	無職	専門学校卒
◎63	1999.5.29	ｳｴﾀﾞ	男性	伝言ダイヤル	面接取材	大阪・京橋	69		疑似恋愛	大阪府大東市	大阪府	46	自営業	大学中退
◎64	1999.7.11	ｲｽﾞﾐ	女性	伝言ダイヤル	面接取材	大阪・日本橋	70		愛人	大阪市	山梨県甲府市	27	無職	高校卒
◎65	1999.8.7	ﾘｴ1	女性	2回目	面接取材	鳥取市	74		AC	鳥取市	鳥取県倉吉市	25	無職	高校卒
◎66	1998.8.15	ｴﾘ	女性	2回目	面接取材	大阪・今里	70		バイト	大阪市	横浜市	21	キャバクラ嬢	短大卒
◎67	1999.8.17	ﾀｶｶ	男性	伝言ダイヤル	電話取材				性欲充足	東京都多摩市		34	自営業	
◎68	1999.8.20	ﾕｲ	女性	テレクラ	面接取材	東京・巣鴨	81	3000	バイト	東京都板橋区	青森県八戸市	19	アルバイト	高校中退
◎69	1999.10.28	ﾐｽﾞｷ2	女性	伝言ダイヤル	面接取材	大阪・大国町	71	5000	AC	大阪市	神奈川県	21	無職	高校卒
◎70	1999.12.11	ﾏﾘｺ	女性	伝言ダイヤル	面接取材	神戸・三宮	75		AC	徳島県徳島市		19	アルバイト	高校卒
◎71	1999.12.31	ﾐﾔ	女性	伝言ダイヤル	面接取材	京都・河原町	112		AC	京都市	岡山県岡山市	27	ソープ嬢	大学卒
	平均						87	3312.5				21.9		

整理番号	取材日	名前	性別	連絡ツール	取材方法	取材場所	取材時間(分)	取材料(円)	類型	住所	出身地	年齢	社会的身分	最終学歴
◎ 1	1997.6.8	ﾐﾎ1	女性	伝言ダイヤル	電話取材				魅力確認	大阪市	名古屋市	28	専業主婦	短大卒
◎ 2	1997.6.22	ｷﾐｺ	女性	伝言ダイヤル	面接取材	大阪・難波	132		快楽	大阪市	大阪市	22	ＯＬ・事務職	高校卒
◎ 3	1997.7.14	ﾏｷ1	女性	伝言ダイヤル	電話取材		74		AC	大阪府枚方市	香川県香川市	18	大学生	
◎ 4	1997.7.16	ﾏｷ1	女性	２回目	面接取材	大阪府枚方市	90		AC	大阪府枚方市	香川県香川市	18	大学生	
◎ 5	1997.7.26	ﾐﾜ	女性	伝言ダイヤル	電話取材				バイト	大阪市	九州	24	販売	専門学校卒
◎ 6	1997.8.27	ｶﾅ	女性	伝言ダイヤル	電話取材				バイト	大阪市		17	私立女子高校生	
◎ 7	1997.9.13	ｱｶﾈ	女性	伝言ダイヤル	電話取材				バイト	大阪府吹田市		16	私立女子高校生	
◎ 8	1997.10.6	ﾄｼﾐ	女性	伝言ダイヤル	電話取材				魅力確認	大阪市	兵庫県宝塚市	33	契約社員	大学卒
◎ 9	1997.10.11	ｱｷ1	女性	伝言ダイヤル	面接取材	大阪・梅田	133		AC	大阪府枚方市	大阪府枚方市	19	アルバイト	専門学校中退
◎10	1997.10.14	ﾅﾅ	女性	伝言ダイヤル	電話取材		55		魅力確認	兵庫県神戸市	九州	24	サービス業	高校卒
◎11	1997.10.15	ﾏｷ2	女性	伝言ダイヤル	電話取材		60		魅力確認	兵庫県姫路市	兵庫県姫路市	23	アルバイト	短大卒
◎12	1997.11.3	ｱｺ	女性	伝言ダイヤル	面接取材	京都・桂	130	2500	バイト	京都市		17	公立高校生	
◎13	1997.11.3	ﾏﾘ	女性	伝言ダイヤル	面接取材	京都・桂	130	2500	バイト	京都市		17	私立共学高校生	
◎14	1997.12.22	ﾕｳｺ	女性	伝言ダイヤル	電話取材				バイト	京都市		17	私立女子高校生	
◎15	1997.12.26	ﾐｶ1	女性	伝言ダイヤル	面接取材	広島県三原市	85		魅力確認	広島県	広島県	26	専業主婦	高校卒
◎16	1998.1.6	ﾄｼﾐ	女性	２回目	面接取材	大阪・京橋	149		魅力確認	大阪市	兵庫県宝塚市	34	契約社員	大学卒
◎17	1998.1.8	ﾏｻﾐ	女性	伝言ダイヤル	電話取材		90		バイト	愛知県豊田市		22	アルバイト	高校卒
◎18	1998.2.18	ﾄﾓｺ	女性	伝言ダイヤル	電話取材				バイト	大阪市		23	美容師	専門学校卒
◎19	1998.2.19	ｱｷ2	女性	伝言ダイヤル	面接取材	大阪・梅田	110		魅力確認	大阪市		20	短大生	
◎20	1998.3.4	ﾏﾐ	女性	伝言ダイヤル	面接取材	神戸・垂水	90		AC	神戸市	兵庫県尼崎市	21	兼業主婦	高校卒
◎21	1998.3.13	ﾕｷ	女性	伝言ダイヤル	電話取材		81		魅力確認	大阪府茨木市	大阪府東大阪市	22	出張風俗嬢	短大卒
◎22	1998.3.18	ﾐｽﾞｷ1	女性	テレクラ	面接取材	東京・巣鴨	47		バイト	東京都豊島区	埼玉県	26	ＯＬ・コンピュータ	大学卒
◎23	1998.3.20	ｻｸﾗｲ	女性	伝言ダイヤル	面接取材	東京・小岩	108		快楽	東京都江戸川区	千葉県習志野市	23	ＯＬ・保険外交	高校卒
◎24	1998.3.20	ﾁｴ	女性	伝言ダイヤル	面接取材	東京・吉祥寺	47	3000	魅力確認	東京都杉並区	福岡県	28	高校非常勤講師	大学卒
◎25	1998.3.21	ﾙﾈ	女性	テレクラ	面接取材	東京都町田市	72		魅力確認	神奈川県相模原市	神奈川県相模原市	25	アルバイト	専門学校中退
◎26	1998.3.24	ｱｷ2	女性	２回目	面接取材	大阪・梅田	103		魅力確認	大阪市		20	短大生	
◎27	1999.4.18	ｱｲ	女性	伝言ダイヤル	電話取材		78		AC	京都府亀岡市	京都府亀岡市	25	ＯＬ・デザイン	短大卒
◎28	1998.4.19	ｱﾔ	女性	伝言ダイヤル	面接取材	大阪・梅田	103		快楽	大阪府八尾市		18	アルバイト	高校中退
◎29	1998.4.24	ﾐｻｷ	女性	伝言ダイヤル	面接取材	大阪・梅田	108		魅力確認	大阪府守口市	大阪府堺市	27	専業主婦	短大卒
◎30	1998.5.5	ｱｷ2	女性	３回目	面接取材	大阪・梅田	74		魅力確認	大阪市		20	ＯＬ・事務職	短大卒
◎31	1998.6.13	ｴﾘｶ1	女性	伝言ダイヤル	面接取材	兵庫県明石市	88		快楽	兵庫県加古川市		19	アルバイト	高校卒
◎32	1998.8.2	ﾕｶﾘ	女性	テレクラ	面接取材	東京都町田市	98	5000	バイト	神奈川県藤沢市	神奈川県藤沢市	15	私立女子高校生	
◎33	1998.8.3	ﾏﾕﾐ	女性	テレクラ	面接取材	東京・巣鴨	75	3000	AC	不定	千葉県	18	無職・家出中	高校中退
◎34	1998.8.15	ｻｷ	女性	情報誌	面接取材	大阪・梅田	37		AC	大阪府八尾市		21	看護婦	専門学校休学中
◎35	1998.8.18	ﾘｴ1	女性	情報誌	面接取材	鳥取市	47		AC	鳥取市	鳥取県倉吉市	24	無職	高校卒

◎36	159	44	父・母・姉	病院院長		家族同居	良い	あり	15	3	17	17
◎37	160	53	母・妹・妹			家族同居	良い	あり	19	2	13	20
◎38	160	50	祖母・父・母・妹・妹	設計士		一人暮らし	悪い	なし	19	10	24	25
◎39	160	48	父・母・兄	会社員		家族同居	悪い	なし	13	4	15	15
◎40			父・母・兄・兄・弟	トラック運転手		家族同居	悪い	あり	13	5	14	14
◎41	153	43	母・兄			家族同居	悪い	なし	13	3	14	14
◎42	162	39	母・姉・姉			夫婦同居	悪い	あり	10	30	15	15
◎43	163	62	父・母・妹	会社員		夫婦同居	良い	あり	12	500人以上		13
◎44			父・母・姉・弟	自営業	看護婦	家族同居	悪い	なし		10	12	18
◎45			父・母	個人タクシー		家族同居	悪い	あり	16	10	13	16
◎46			祖母・母・弟		自営業	家族同居	悪い	あり	10	5	11	16
◎47	157	55	母		会社員	彼氏同居	良い	あり	12	50	13	15
◎48	154	48		トラック運転手		家族同居	悪い	あり	18		10	18
◎49	160	53	母・妹・妹			家族同居	良い	あり	19	2	13	20
◎50	155	55	父・母・妹・妹・弟	板前	パート	家族同居	悪い	あり	17	8	15	19
◎51			父・母・兄・弟	高級官僚		一人暮らし	悪い	なし	22	20	40	40
◎52	163	45	祖母・父・母・兄	会社員	パート	一人暮らし	悪い	なし	18	10	20	20
◎53	155	40	父・母・弟	会社員	パート	家族同居	良い	なし	15	8	15	15
◎54			父・母・兄・姉	自営業	パート	家族同居	悪い	なし	13	150	13	16
◎55	155	49	父・母・妹	公務員	美容院経営	家族同居	悪い	あり	20	40	22	29
◎56	160	52	祖母・父・母・妹	塗装業社長		一人暮らし	良い	あり	15	50		15
◎57	159	47	母・妹		美容師	家族同居	良い	なし	13	1	10	13
◎58	160	58	母			彼氏同居	悪い	あり	17	10		18
◎59	160	51	父・母・妹	会社員	公務員	家族同居	良い	あり	15	10	14	16
◎60	159	51	父・母・姉	作業員	パート	家族同居	良い	なし	16	4		16
◎61			母・兄・妹			一人暮らし	悪い	なし	18	10人以上		25
◎62	162	102	祖母・父・母・兄	会社員	パート	家族同居	悪い	あり	18	20人以上	16	22
◎63			妻・息子・娘	経営者		夫婦同居	良い	あり			41	43
◎64	166	44	父・母・弟		スーパー経営	一人暮らし	悪い	あり	16	3	27	24
◎65	160	41	父・兄	会社員		子供と２人暮らし	良い	なし	20	40	19	20
◎66	160	52	祖母・父・母・妹	塗装業社長		一人暮らし	良い	なし	15	50		15
◎67				自営業者		一人暮らし		なし			27	30
◎68	156	50	父・母・妹	作業員	福祉関係	彼氏同居	良い	あり	12	20		15
◎69	168	52	父・母・妹・弟	会社員		一人暮らし	悪い	なし	16	300		21
◎70	167	61	父・母・姉・姉	会社員	パート	家族同居	悪い	あり	16	20	19	19
◎71	164	54	父・母		看護婦	一人暮らし	悪い	なし	6	15	20	24
	160	51.4							16.4	31.3	17.2	19.2

	身長	体重	出身家族構成	父親の職業	母親の職業	世帯	家族関係	パートナー	初体験年齢	プライベートな性体験人数	テレクラ・伝言初体験年齢	初援助交際年齢
◎1						夫婦同居		あり		6	21	
◎2			祖母・父・母・姉・弟	自営業		一人暮らし	悪い	なし	15		16	19
◎3			父・母・姉	会社員		一人暮らし	良い	あり	17	2	16	18
◎4			父・母・姉	会社員		一人暮らし	良い	あり	17	2	16	18
◎5						一人暮らし		あり			16	19
◎6						家族同居					16	17
◎7			父・母・4人兄弟の長女	会社社長		家族同居	良い	あり	13	8	13	
◎8						一人暮らし		なし			32	
◎9				トラック運転手		家族同居	悪い	なし	18		10	18
◎10	157					一人暮らし	良い	なし	19	3	22	24
◎11			父・母・兄・姉			家族同居			16	20	23	23
◎12	162		母			家族同居	悪い	なし			16	17
◎13	158					家族同居	良い	あり			17	17
◎14						家族同居		なし			14	
◎15	154		父・母・弟	運送会社	水商売	夫婦同居	悪い	あり	16	3	22	17
◎16			祖父・祖母・父・母・弟	公務員		一人暮らし	良い	なし	20	5	32	32
◎17	154	42	父・母・姉	職人	地方紙作成	家族同居		なし	17	10	21	21
◎18								なし	15	5	10	16
◎19	160	53	母・妹・妹			家族同居	良い	あり	19	1	13	20
◎20	157		父・母・妹・妹	会社員	中学教師	夫婦同居	悪い	あり	15	1	13	13
◎21	157	57	祖母・父・母・弟			一人暮らし		あり	21	3	12	22
◎22			父・母			一人暮らし		なし	15	20人以上	25	25
◎23			父・母・弟	会社経営		一人暮らし	悪い	あり	15	50人以上	16	16
◎24			祖母・父・母			一人暮らし	悪い	なし	未経験	0	27	27
◎25			父・母・弟・妹・妹・妹			家族同居	悪い	あり	18	50人以上	18	18
◎26	160	53	母・妹・妹			家族同居	良い	あり	19	1	13	20
◎27	163	47	祖母・父・母・妹	国家公務員		家族同居	良い	あり	19	15	22	22
◎28			父・母・妹	会社員		家族同居	悪い	あり	14	50人以上	13	15
◎29			父・母・弟	自営業		夫婦同居	悪い	あり	24	1	25	27
◎30	160	53	母・妹・妹			家族同居	良い	あり	19	1	13	20
◎31			父・母・弟・妹	銀行員	事務員	一人暮らし	悪い	なし	14	120	16	15
◎32			父・母・兄	会社員		家族同居	悪い	なし	13	4	15	15
◎33	165	42	父・母・弟・妹	警備員	パート	一人暮らし	悪い	なし	16	10	12	17
◎34	165	66	父・母・姉	工場労働者		家族同居	悪い	なし	18	10	14	20
◎35	160	41	父・兄	会社員		子供と2人暮らし	悪い	なし	20	40	19	20

◎36	8	2年	テレクラ・街頭		150000	20000	50	30	50000	40
◎37	20人以上	6ヶ月	伝言	40000	200000	25000	45	25	30000	27
◎38	12	1年	ツーショット・伝言	30000	50000	30000	50	24	30000	38
◎39	85（H込みは35）	1年	紹介・街頭・テレクラ	20000	130000	10000	30	19		
◎40	86	4年	紹介・テレクラ・伝言		150000	30000	53	28	30000	33
◎41	100	4年	テレクラ	50000	200000	30000	70	20		
◎42	10	8年	街頭・テレクラ・伝言		100000	10000	50		100000	38
◎43	500人以上	6年	紹介	30000	150000	25000	85	26	50000	40
◎44	10	4ヶ月	ツーショット・伝言			5000	50	24	25000	33
◎45	50	3年	街頭・テレクラ		80000	10000	60	24	50000	35
◎46	50	3年	街頭・テレクラ		70000	10000	60	24	30000	45
◎47	11	2年	テレクラ	30000	50000	10000	50	28	30000	28
◎48	100	2年	テレクラ		50000	3000	56	21	30000	27
◎49	20人以上	8ヶ月	伝言	40000	200000	25000	45	25	30000	27
◎50	70	2ヶ月	紹介・テレクラ	20000	25000	5000	48	20	8000	
◎51	30人以上	12年	テレクラ・ツーショット・伝言	30000	600000	20000	83	27	30000	27
◎52	50人以上	2年6ヶ月	街頭・伝言	20000	50000	15000	52	32	20000	35
◎53	100	6年	テレクラ・伝言	40000	120000	20000	45	24		
◎54	50	2年	紹介・テレクラ・伝言	30000	100000	10000	45	19	30000	
◎55	3	1週間	伝言	40000	40000	10000	45	38	40000	45
◎56	20人以上	5年	テレクラ	50000	120000	10000		32	10000	40
◎57	30	2年	テレクラ	5000	20000	2000	39	30	一万円のサンダル	30
◎58	7	1年	テレクラ・伝言	20000	20000	5000	35	28	20000	28
◎59	20人以上	1年	テレクラ	20000	40000	10000	65	26	20000	35
◎60	20人以上	1年	テレクラ	20000	50000	3000	42	23	20000	33
◎61	2	2年	街頭・テレクラ		50000	20000	32	30	30000	32
◎62	10	3年	テレクラ・伝言		80000	15000			20000	
◎63	40	3年	テレクラ	15000	30000	5000	40	17		
◎64	1	3年			350000	250000			350000	39
◎65	15	1年	ツーショット	15000	20000	10000	40	32		
◎66	20人以上	6年	テレクラ	50000	120000	10000		32	10000	40
◎67	300	4年	テレクラ・ツーショット・伝言	30000			33	15		
◎68	18	4年	テレクラ	20000	40000	10000	32	23		
◎69	10	2ヶ月	伝言			10000	45	21		
◎70	7	4ヶ月	ツーショット・伝言		60000	15000	60	28	30000	50
◎71	10	3年	テレクラ・伝言		250000	30000	48	30		
	49.7			29772	107742	18779	46.2	25.4	38615	32.7

	援助交際人数	援助交際期間	援助交際ツール	標準金額	もらったお金の最高額	もらったお金の最低額	援助交際相手の最高年齢	援助交際相手の最低年齢	初援助交際相手の金額	初援助交際相手の年齢
◎ 1	20人以上		伝言	30000	60000		60	20		
◎ 2	20人以上	3年	ツーショット・伝言	40000	300000	30000	37	23	40000	
◎ 3	5	1年	伝言	40000	70000		35	28	40000	28
◎ 4	5	1年	伝言	40000	70000		35	28	40000	28
◎ 5	10人以上	3年	ツーショット・伝言	30000	50000	20000	40	30	30000	30
◎ 6	1		伝言						50000	26
◎ 7	5		伝言	50000	100000	10000			50000	
◎ 8			伝言		70000	30000			30000	
◎ 9	100	2年	テレクラ		50000	3000	56	21	30000	27
◎10	2		ツーショット・伝言	50000	60000	50000			60000	35
◎11	5	1ヶ月	伝言	40000	100000	20000	40	33	40000	33
◎12	4	3ヶ月	ツーショット・伝言		30000	5000				
◎13	3	3ヶ月	ツーショット・伝言			5000				27
◎14	2	1ヶ月	伝言							
◎15	100人以上	9年	テレクラ・ツーショット・伝言	20000	200000	1500	56	21	30000	46
◎16	20人以上	2年	伝言	30000	320000	30000			30000	38
◎17	3	1年	伝言	40000	50000	30000	38	25	50000	26
◎18	30	4年	テレクラ	40000	100000					
◎19	4	1ヶ月	伝言	30000	30000	25000	35	25	30000	27
◎20	6	8年	ツーショット・伝言		300000	10000	44		30000	44
◎21	10	6ヶ月	テレクラ		20000	5000		28	20000	33
◎22	10	1年	テレクラ	15000	20000	10000	40	19	20000	
◎23	60	7年	テレクラ		100000	20000			50000	35
◎24	30	1年	伝言	0	0	0	43	26		
◎25	200	7年	テレクラ	15000	35000	5000	35	18	20000	26
◎26	9	2ヶ月	伝言	30000	40000	25000	38	25	30000	27
◎27	2	1年	ツーショット・伝言				36	32	30000	32
◎28	7	3年	テレクラ・街頭		50000	30000	36	22	50000	25
◎29	2	2ヶ月	ツーショット・伝言	20000	30000	10000		26	10000	
◎30	20人以上	3ヶ月	伝言	40000	200000	25000	43	25	30000	27
◎31	30人未満	4年	紹介	20000	200000	10000	36	20	10000	20
◎32	80 (H込みは30)	1年	紹介・テレクラ	20000	130000	10000	25	19		
◎33	1000人近く	1年	テレクラ	20000	100000	3000	54	19	35000	33と23 (3P)
◎34	10	1ヶ月	伝言	15000	40000	10000	30	25		29
◎35	10	2ヶ月	ツーショット	15000	20000	10000				

◎36							
◎37	会社員	父親の病死					
◎38	会社員		やり逃げ				仕事を続ける
◎39		両親の離婚・孤児院・彼氏の事故死					美術関係の仕事に就く
◎40	会社員	両親の離婚・復婚	ビデオ撮影				まじめに働く
◎41		父親の病死・レイプ					弁護士になる
◎42	会社員	両親の離婚・レイプ					自分の店を出す
◎43	建築会社の社長						
◎44	会社員	いじめ					看護婦になる
◎45	会社員		やり逃げ・暴力				美容関係に就職
◎46	作業員	父親の死亡	やり逃げ・暴力・性病				美容関係に就職
◎47	会社員	両親の離婚・レイプ	覚醒剤使用		シンナー・覚醒剤		彼氏との結婚
◎48		家出・レイプ	やり逃げ・抜き取り				家を出る
◎49	会社員	父親の病死					
◎50		いじめ・彼氏に貢ぐ					結婚して専業主婦
◎51	団体職員				マリファナ		
◎52	テレビ局勤務	失恋	やり逃げ			ホテトル	
◎53					覚醒剤		
◎54		中絶	やり逃げ				結婚
◎55	自営業	母親との確執					
◎56	会社員	中絶	性交なしの援助交際		シンナー		痩せたい
◎57		両親の離婚・いじめ	基本は性交なしの援助交際				歌手になる
◎58		父親の病死・流産	援助交際相手が彼氏				音楽をやる
◎59		失恋	やり逃げ・ビデオ撮影				彼氏との結婚
◎60							22歳までに結婚
◎61	会社員	父親の病死					
◎62		セクハラ					過食症を治す
◎63						置屋	
◎64	金融業社長	中絶					愛人関係の継続
◎65		両親の離婚・レイプ・シングルマザー		あり			病気を治して、定職に就く
◎66	会社員	中絶	性交なしの援助交際		シンナー		痩せたい
◎67		離婚					
◎68		中絶３回	700万の車・盗み		コカイン・覚醒剤		彼氏との結婚
◎69			援交狩り・やり逃げ	あり	覚醒剤	性感・ヘルス・イメクラ	
◎70	会社社長						舞台女優
◎71	会社員	性的虐待（６歳）	詐欺に遭って50万騙しとられる	あり		出張ヘルス・ヘルス・ソープランド	医療関係の仕事に就く

	初援助交際相手の社会的身分	トラウマなど	援助交際のトラブル	借金	薬物経験	風俗経験	将来の夢
◎1			レイプ				
◎2		摂食障害	ヤクザの事務所				30歳までに結婚
◎3		摂食障害					
◎4		摂食障害					
◎5	会社員		ヤクザに脅される				
◎6	自営業						
◎7	社長の息子						ヘアメイクの仕事
◎8		離婚					再婚
◎9		家出・レイプ	やり逃げ・抜き取り				家を出る
◎10							引っ越し・結婚
◎11	営業職						
◎12			やり逃げ				ずっと高校生でいたい
◎13							20歳で結婚
◎14							
◎15	ホテルの支配人	両親の離婚	ビデオ撮影	あり			
◎16			やり逃げ				再婚
◎17			やり逃げ				
◎18			ヤクザに脅される				
◎19	会社員	父親の病死					彼氏との結婚
◎20	建築会社の社長	AV出演（15歳）			シンナー・覚醒剤		なし
◎21	バー店員	借金の肩代わり		あり		出張性感マッサージ・イメクラ	
◎22						性感マッサージ	
◎23		両親の離婚・家出			覚醒剤	ソープランド	彼氏との結婚
◎24		父親の2回の離婚と3回目の結婚	身体的な接触なしの援助交際				夢は言ったら、実現しなくなる
◎25	会社員		やり逃げ・盗難・中絶			ピンク・サロン	彼氏との結婚
◎26	会社員	父親の病死					彼氏との結婚
◎27	会社経営	離婚・中絶					彼氏との結婚
◎28	会社員				覚醒剤	ストリップ・ヘルス	平凡では終わりたくない
◎29	自営業						円満な家庭
◎30	会社員	父親の病死					彼氏との結婚
◎31					覚醒剤・ハルシオン	ピンク・サロン	
◎32		両親の離婚・孤児院・彼氏の事故死					
◎33		いじめ	ヤクザに恐喝される・ビデオ撮影	あり			22歳で結婚
◎34	会社員	父親の家出・借金					看護婦として一人前になる
◎35		両親の離婚・レイプ・シングルマザー		あり			病気を治して、定職に就く

―― W ――

和田秀樹　1999『親の自信が子供を救う！』河出書房新社

渡辺恒夫　1986『脱男性の時代』勁草書房

亘明志　1996「メディアと身体」井上俊・上野千鶴子・大澤真幸・見田宗介・吉見俊哉編『身体と間身体の社会学』岩波書店

Weber, M.　1922=1972 Soziologische Grundbegriffe：清水幾太郎訳『社会学の根本概念』岩波書店（文庫）

Woititz,J.G.　1990=1997 Adultchildren of alcoholics expanded edition Health Communications：斉藤学監訳『アダルト・チルドレン』金剛出版

―― Y ――

柳田國男　1969「巫女考」『定本 柳田國男集 第九巻』筑摩書房

ヨコタ村上孝之　1997『性のプロトコル』新曜社

読売新聞社生活情報部編　1998『性の風景』 読売新聞社

吉田秀弘　2000『日本売春史・考』自由社

吉見周子　1992『売娼の社会史』雄山閣

吉見俊哉　1994『メディア時代の文化社会学』新曜社

吉澤夏子　1998「個人的なことは、個人的である」『論座』1998年12月号 朝日新聞社

湯沢雍彦・高橋久子・原田冴子監修　1991『戦後婦人労働・生活調査資料集 第23巻 生活篇〔5〕 風紀・売春』クレス出版

―― Z ――

女性史総合研究会編　1982『日本女性史 第2巻 中世』東京大学出版会

Stone,L. 1979=1991 The family,sex,and marriage in England Penguin Books：北本正章『家族・性・結婚の社会史』勁草書房

鈴木光司 1998「娘の耳元で親は何をささやいたか」『論座』1998年4月号 朝日新聞社

鈴木みどり 1995「現実をつくりだす装置・イメージCM」井上輝子・上野千鶴子・江原由美子編『表現とメディア』岩波書店

鈴木水南子 1998「男性はなぜ買春するのか」女子教育もんだい編集委員会編『女子教育もんだい』第74号 女子教育センター発行

庄司晶子・島村ありか・谷川千雪・村瀬幸浩 1997『"援助交際"の少女たち』東研出版

―― T ――

竹下俊郎 1998『メディアの議題設定機能』学文社

滝川政次郎 1965『遊女の歴史』至文堂

谷岡一郎 2000『「社会調査」のウソ』文藝春秋（新書）

田崎英明編 1997『売る身体／買う身体』青弓社

千本秀樹 1997「労働としての売春と近代家族の行方」田崎英明編著『売る身体買う身体』青弓社

Thomas,W.I. & Znaniecki,F. 1958 The polish peasant in Europe and America vol.1 Dover Publications

東京都生活文化局女性青少年部青少年課 1997『「青少年の生活と意識及び青少年と性に関する法制についての調査」報告書』東京都生活文化局

栃内良 1999『追放された天使たち』出版

Truong,T,D 1990=1993 Money and Morality Zed Books：田中紀子・山下明子訳『売春』明石書店

Tuchman,G. 1978=1991 Making news Free Press：鶴木眞・櫻内篤子訳『ニュース社会学』三嶺書房

津金澤聰廣編 1996『近代日本のメディア・イベント』同文舘

Turner,V.W. 1969=1996 Theritual process Walter de Gruyer：冨倉光雄訳『儀礼の過程』新思索社

上野千鶴子 1995「「セクシュアリティの近代」を超えて」井上輝子・上野千鶴子・江原由美子編『セクシュアリティ』岩波書店 2-37

上野千鶴子 1990『家父長制と資本制』岩波書店

上野千鶴子 1998『発情装置』筑摩書房

斉藤光　1994「極私的関心としてのアブナイ人体現象」現代風俗研究会編『アブない人体』リブロポート
斉藤学　1996『アダルト・チルドレンと家族』学陽書房
斉藤環　1998『社会的ひきこもり』PHP研究所（新書）
酒井あゆみ　1998『眠らない女』幻冬社
酒井あゆみ　1999『人妻』幻冬社
桜井亜美　1996『イノセントワールド』幻冬舎
桜井亜美　1997『ガール』幻冬舎
佐藤郁哉　1992『フィールドワーク』新曜社
佐藤学　1998「〈援助交際〉に走るKさんへの手紙」『論座』1998年4月号 朝日新聞社
佐藤俊樹　1996『ノイマンの夢・近代の欲望』講談社
澤田寛徳　1997『楽園の堕天使たち』現代書林
Schutz,A.　1964=1991　Collected papers2 Martinus Nijihoff：渡部光・那須壽・西原和久訳『アルフレッド・シュッツ著作集第3巻 社会理論の研究』マルジュ社
関戸衛編　1999『恋愛学がわかる。』（AERA MOOK51）朝日新聞社
千田夏光　1994『ニコニコ売春』汐文社
瀬地山角　1995「よりよい性の商品化へ向けて」江原由美子編『性の商品化』勁草書房
Shorter,E.　1975=1987　The making of the modern family　Basic Books：田中俊宏記者代表『近代家族の形成』昭和堂
清水賢二編　1999『少年非行の世界』有斐閣
Simmel,G.　1908=1994 Soziologie Duncker & Humbolt：居安正訳『社会学（下）』白水社
塩倉裕　1999『引きこもる若者たち』ビレッジセンター出版局
白家北井　1998『現代風俗系用語の基礎知識』ビレッジセンター出版局
園田寿　1999『解説児童買春・児童ポルノ処罰法』日本評論社
総務庁青少年対策本部　1996『青少年と電話に関する調査研究報告書』総務庁青少年対策本部
総務庁青少年対策本部編　2000『青少年白書 平成11年度版』大蔵省印刷局
Spock,B.　1971=1975　A teenager's guide to life and love　Pocket Books：暮しの手帖翻訳グループ訳『スポック博士の性教育』暮しの手帖社

永井紀代子　1995「誕生・少女たちの解放区」奥田暁子編『鬩ぎ合う女と男』（『女と男の時空』５）藤原書店

永沢光雄　1999『おんなのこ』コアマガジン社

永田えり子　1995「〈性の商品化〉は道徳的か」江原由美子編『性の商品化』勁草書房

永田えり子　1998「買春男性の「再生産責任」を免除する理由はない」『論座』1998・4月号

仲村祥一　1981『日常経験の社会学』世界思想社

信田さよ子　1996『アダルト・チルドレン完全理解』三五館

信田さよ子　1997『コントロール・ドラマ』三五館

Nock,S.L.　1993 The costs of privacy Walter de Gruyter

野口裕二　1996『アルコホリズムの社会学』日本評論社

――O――

小倉利丸　1998「性の商品化」近藤和子編『性幻想を語る』三一書房

桶谷正一　1999（1979）「素顔の売春少女たち」『婦人公論　1/15 臨時増刊あぶない親・子関係』中央公論社

奥村隆　1998『他者といる技法』日本評論社

『女たちの21世紀』編集委員会　1998『女たちの21世紀』第16号 アジア女性資料センター

折口信夫　1977「巫女と遊女と」『折口信夫全集』第17巻 中央公論社

大治朋子　1998『少女売春供述調書』リヨン社

大塚英志　1989『少女民俗学』光文社

――P――

Park,R.E.　1916=1965 "The City" American journal of sociology vol.20 pp.577-612：笹森秀雄訳「都市」鈴木広編訳『都市化の社会学』誠信書房

――R――

Riesman, D.　1961=1964 The lonely crowd Yale University Press：加藤秀俊訳『孤独な群衆』みすず書房

――S――

佐伯順子　1987『遊女の文化史』中央公論社

佐伯順子　1991『文明開化と女性』新典社

松沢呉一　1999『熟女の旅』ポット出版

松沢呉一・スタジオ・ポット編　2000『売る売らないはワタシが決める』ポット出版

Merton,R.K.　1949=1961　Social theory and social structure　Free Press：森東吾・森好夫・金沢実・中島竜太郎訳『社会理論と社会構造』みすず書房

Michael,R.T. Gagnon,J.H. Laumann,E.O. Kolata,G.　1994=1996　Sex in America　Little Brown：近藤隆文訳『セックス・イン・アメリカ』日本放送出版協会

Miller,E.M.　1986=1994　Street woman　Temple University Press：中西恭子・中西純子訳『ストリート・ウーマン』現代書館

南博編　1986『近代庶民生活誌 第五巻』三一書房

三浦展　1996「欲望する家族・欲望された家族」上野千鶴子編『色と欲』小学館

宮台真司　1994『制服少女たちの選択』講談社

宮台真司　1996b「「テレクラ」の民俗誌」上野千鶴子編『色と欲』小学館

宮台真司　1997a『世紀末の作法』リクルート ダ・ヴィンチ編集部

宮台真司　1998『これが答えだ！』飛鳥新社

宮台真司　2000『自由な新世紀・不自由なあなた』メディアファクトリー

宮台真司編　1998『〈性の自己決定〉原論』紀伊國屋書店

三宅マリ　1995『パートタイム ラブ』恒友出版

モア編集部　1990『モア・リポートNOW』集英社

森栗茂一　2000『性と子育ての民俗学』明石書店

もろさわようこ　1970『おんなの歴史 上』未来社

Munzinger,C.　1898=1987　Die Japaner　Berlin：生熊文訳『ドイツ宣教師の見た明治社会』新人物往来社

村上龍　1997『ラブ&ポップ』幻冬社（文庫）

村上龍　1998『夢見るころを過ぎれば』リクルート ダ・ヴィンチ編集部

村尾建吉　1999『援助交際「社会」のゆくえ』鹿砦社

村岡清子　1996『少女のゆくえ』青樹社

室生忠　1998『制服少女が堕ちるドラッグ快楽の地獄』三一書房

牟田和恵　1997「好色とromantic love、そして〈援助交際〉」『江戸の思想』No.6ぺりかん社　139-147

―― N ――

北山秋雄　1994『子どもの性的虐待』日本看護協会出版会

小林大治朗・村瀬明　1992『国家売春命令』雄山閣

Kohut,H.　1971=1994 The analysis of the self　International University Press：水野信義・笠原嘉監訳『自己の分析』みすず書房

小池靖　1997「商品としての自己啓発セミナー」河合隼雄・上野千鶴子編『現代日本文化論 8 欲望と消費』岩波書店

駒尺喜美　1978『魔女の論理』エポナ出版

Kotre,J.　1995=1997 White gloves　Free Press：石山鈴子訳『記憶は嘘をつく』講談社

小山内美智子　1995『車椅子で夜明けのコーヒー』ネスコ

小谷野敦　1998「娘たちよ、蔑視される覚悟があるのか」『論座』1998年 4 月号 朝日新聞社

小谷野敦　1999『もてない男』筑摩書房（新書）

Kritsberg,W.　1985=1998　The adult children of alcoholics syndorome　Healt Communications：斉藤学監訳『アダルトチルドレン・シンドローム』金剛出版

久家巧　1995『平成性風俗考 』三一書房

黒沼克史　1996『援助交際』文藝春秋

―― L ――

Linquist, L　1989=1997　Secret Lovers　Jossey-Bass Inc ：寿美子コパレック訳『シークレット・ラブ』原書房

Luhmann,N.　1973=1990　Vertraunen　Ferdinand Enke Verlag：大庭健・正村俊之訳『信頼』勁草書房

Luhmann,N.　1989=1992　Paradigm lost　Suhrkamp：土方昭訳『パラダイム・ロスト』国文社

―― M ――

圓田浩二　1998「オタク的コミュニケーション」『ソシオロジ』第43巻 2 号（133号）

圓田浩二　2000「「吐く」という社会的行為」『ソシオロジ』第44巻3号（137号）

松本良枝　1995『少女の非行と立ち直り』大日本図書

松沢呉一　1998a『風俗バンザイ』創出版

松沢呉一　1998b「結婚論」『結婚しない男たち』ワニマガジン社

広岡敬一　2000『戦後性風俗大系』朝日出版
本田和子　1982『異文化としての子ども』紀伊國屋書店
本田和子　1989『フィクションとしての子ども』新曜社
本田和子　1991「戦時下の少女雑誌」大塚英志編『少女雑誌論』東京書籍

――I――

伊田広行　1998『シングル単位の恋愛・家族論』世界思想社
井田恵子　1986「女性と性」『現代のエスプリ』No.230 至文堂
井原西鶴　1984『好色五人女』江本裕訳注 講談社（学術文庫）
今一生　1998『家を捨てよ、街へ出よう』メディアワークス
いのうえせつこ　1996『買春する男たち』新評論
井上章一　1991『美人論』リブロポート
井上章一　1995『美人の時代』文藝春秋（文庫）
井上輝子・江原由美子編　1999『女性のデータブック［第３版］』有斐閣
石田久美子　1999『ヴァーチャルLOVE』扶桑社
石原勉　1975『危機の少女たち』東京新聞出版局
石川准　1999『人はなぜ認められたいのか』旬報社
伊藤悟・簗瀬竜太編　1999『異性愛をめぐる対話』飛鳥新社
伊藤裕作＆週刊大衆特別取材班　1997『「性」の日本史』双葉社

――K――

兼松佐知子　1990『閉じられた履歴書』朝日新聞社（文庫）
柏木恵子　1972「青年期における性役割の認知 II」『教育心理学研究』第20巻第１号
加藤まどか　1995「「きれいな体」の快楽」井上俊・上野千鶴子・大澤真幸・見田宗介・吉見俊哉編『ジェンダーの社会学』岩波書店
河合隼雄　1997「〈援助交際〉というムーブメント」『世界』第632号 岩波書店
川村邦光　1994『オトメの身体』紀伊國屋書店
金一勉　1997『遊女・からゆき・慰安婦の系譜』雄山閣
Kinsey,A.C. Pomeroy,W.B. Martin,C.E.　1948=1950 Sexual behavior in the human male W. B. Saunders Co：永井潜・安藤画一訳『人間に於ける男性の性行為 上・下』コスモポリタン社
岸田秀　1999『性的唯幻論序説』文藝春秋（新書）

吹上流一郎　1975『高校生売春』KKワールドフォトプレス

福富護研究代表　1998『『援助交際』に対する女子高校生の意識と背景要因報告書』女性のためのアジア平和国民基金

服藤早苗　1990「遊行女婦から遊女へ」女性史総合研究会編『日本女性生活史 第1巻』東京大学出版

―― G ――

Gennep,A.van.　1909=1995　Les rites de passage　Émile Nourry：綾部恒雄・綾部裕子訳『通過儀礼 』弘文堂

Gerth,H.H. & Mills,C.W.　1953=1970　Character and Social Structure　Harcourt,Brace：古城利明・杉森創吉訳『性格と社会構造』青木書店

Giddens,A.　1992=1995　The transformation of intimacy　Polity Press：松尾精文・小幡正敏訳『近代とはいかなる時代か？　』而立書房

Giddens,A.　1990=1993　The consequences of modernity　Polity Press：松尾精文・松川昭子訳『親密性の変容』而立書房

Goffman,E.　1959=1974　The presentation of self in everyday life　Doubleday & Company：石黒毅訳『行為と演技』誠信書房

Goffman,E.　1963=1980　Behavior in public places　Free Press：丸木恵祐・本名信行訳『集まりの構造』誠信書房

Goffman,E.　1968=1980　Stigma　Penguin：石黒毅訳『スティグマの社会学』せりか書房

Gravitz,H.L. & Bowden,J.D.　1985=1994　Recovery　Simon & Schuster：大越崇訳『リカバリー』星和書店

Greenwald,H.　1958=1959　The call girl　Ballantine Books：中田耕治訳『コール・ガール』荒地出版

グループ 人魚のくつした　1998『摂食障害ってなんだろう』三一書房

―― H ――

Hammersley,M.　1992　What's wrong with ethnography?　Routledge

橋爪大三郎　1992「売春のどこがわるい」江原由美子編『フェミニズムの主張』勁草書房

速水由紀子　1998『あなたはもう幻想の女しか抱けない』筑摩書房

林髞　1966『性＝この不思議な原理』講談社（現代新書）

平林紀子　1989「「逸脱」に関するニュースの社会過程」『新聞学評論』No.38

—— D ——

男性と買春を考える会　1998『『買春に対する男性意識調査』報告書』

Dayan, D. & Katz, E.　1992=1996　Media events　Harvard University Press ： 浅見克彦訳『メディア・イベント』青弓社

Debord, G.　1992 =1993　La société du spectacle　Gallimard ：木下誠訳『スペクタクルの社会』平凡社

Delacoste,F. & Alexander,P.（ed.）　1987=1993　Sexwork　Cleis Press：角田由紀子・山中登美子・原美奈子訳『セックス・ワーク』パンドラ

Durkheim,É.　1893=1971　De la division du travail social　Alcan：田原音和訳『社会分業論』青木書店

Durkheim,É.　1895=1978　Les Régles de la méthode sociogique ：宮島喬訳『社会学的方法の規準』岩波書店（文庫）

Durkheim,É.　1925=1964　L'éducation morale　Alcan：麻生誠・山村健訳『道徳教育論（1）』明治図書

—— E ——

Ellis,H.　1928=1996　Studies in the psychology of sex　Davis：佐藤晴夫訳 『性と社会 I』（性の心理 vol.6）未知谷

Engels,F.　1891=1965　Der Ursprung der Familie, des Privateigenthums und des Staats ：戸原四郎訳『家族・私有財産・国家の起源』岩波書店（文庫）

榎本知郎　1998『性・愛・結婚』丸善

Erikson,E.H.　1968=1973　Identity　Norton：岩瀬庸理訳『アイデンティティ』金沢文庫

—— F ——

伏見憲明　2000『性の倫理学』朝日新聞社

Foucault, M.　1975=1977　Surveiller et punir　Gallimard：田村俶訳『監獄の誕生』新潮社

藤井良樹　1994『女子高生はなぜ下着を売ったのか？　』宝島社

藤井良樹　1996〈援助交際〉性の権利フォーラム編『「淫行条例」13の疑問』現代人文社

藤目ゆき　1997『性の歴史学』不二出版

藤本由香里　1998『快楽電流』河出書房新社

藤原和博・宮台真司編　1998『よのなか』筑摩書房

【文献リスト】

――A――

赤川学　1995「売買春をめぐる言説のレトリック分析」江原由美子編『性の商品化』勁草書房

赤川学　1999『セクシュアリティの歴史社会学』勁草書房

赤松啓介　1994『夜這いの性愛論』明石書店

赤松啓介・上野千鶴子・大月隆寛　1995『猥談』現代書館

Ariés,P.　1974（1960）=1980　L'enfant et la vie familiale sous l'Ancien Régime　Seuil：杉山光信・杉山恵美子訳『〈子供〉の誕生』みすず書房

浅野千恵　1999「ネオ・リベラリズムと性暴力」『現代思想』vol.27-1 青土社

東ノボル　1999『瞬間恋愛』未来出版

――B――

売春対策審議会編　1959『売春対策の現況』大蔵省印刷局

Beauvoir,S.de.　1949=1953　Le deuxiéme sexe　Gallimard：生島遼一訳『第二の性 Ⅰ』新潮社

Bogard,W.　1996=1998　The simulation of surveillance　Cambridge University Press：田畑暁生訳『監視ゲーム』アスペクト

Boorstin,D.J.　1962=1964　The image　Charles E.Tuttle：星野郁美・後藤和彦訳『幻影の時代』東京創元社

Buber,M.　1923 =1978　Ich und Du　Insel Verlag &　1932 =1978　Zwiesprache　Schocken Verlag：田口義弘訳『我と汝・対話』みすず書房

Bullough,V. & Bullough,B.　1987=1996　Women and prostitution　Prometheus Books：香川檀・家本清美・岩倉桂子訳『売春の社会史 下』筑摩書房（学芸文庫）

――C――

Chauchard,P.　1958=1971　La vie sexuelle　Presses Universitaires de France：石田春夫訳『人間と性』白水社（文庫クセジュ）

Cressey,P.G.　1983　"A comparison of the roles of the 'sociological stranger' and the 'anonymous stranger' in field research" Urban life vol.12 no.1 pp.102-120　Sage publications

―― タ ――

―― ハ ――

―― マ・ヤ・ラ ――

【索引】

著者略歴

圓田　浩二（まるた　こうじ）

1969年　兵庫県姫路市生まれ。

1992年　立命館大学文学部（哲学専攻）卒業。

1994年　立命館大学産業社会学部卒業

2000年　関西学院大学大学院社会学研究科社会学専攻博士課程
後期課程単位取得退学

現在　関西学院大学大学院社会学研究科研究員

主要論文

「メディアとしての美」（『社会学評論』第48巻1号、1997年）

「オタク的コミュニケーション ―「普通っぽい」アイドルと三つの距離（『ソシオロジ』第43巻2号、1998年）

「〈吐く〉という社会的行為―摂食障害者へのインタビューから―」（『ソシオロジ』第44巻3号、2000年）

「援助交際のフィールドワーク ― ある恋愛変容の物語から ―』（『社会学的フィールドワーク』世界思想社、2001年刊行予定）

連絡先：glam_slam69@hotmail.com

誰が誰に何を売るのか？

―援助交際にみる性・愛・コミュニケーション―

2001年6月25日　第1版第1刷発行

著　者　圓田　浩二

発行者　山本　栄一

発行所　関西学院大学出版会

〒662-8501

兵庫県西宮市上ヶ原1-1-155

電　話　0798-53-5233

印刷所　田中印刷株式会社

製本所　有限会社神戸須川バインダリー

ISBN:4-907654-22-7

落丁・乱丁のときはお取り替えいたします。

http://www.kwansei.ac.jp/press/